SHODENSHA
SHINSHO

# 老後レス社会

## ——死ぬまで働かないと生活できない時代

朝日新聞特別取材班



祥伝社新書

# はじめに

「老後レス」という言葉を耳にして、あなたは何を思い浮かべますか。

キャッシュレス、コードレス、シュガーレスなどの単語でおなじみの「レス」は、「～がない」ということを示す英語の接尾辞（ｌｅｓｓ）ですが、それを「年老いた後」という意味の「老後」につけた取材班の造語です。私たちの人生から、老後という時間が失われようとしている。そんな考えから、このタイトルは生まれました。

「私もそう感じていた。メディアでもようやく採《と》り上げ始めたか」

「自分の人生を考えても、そうだろうとしか思えない」

こんな感想を抱《いだ》く方も、多いのではないかと思います。この国で、「少子高齢化」と「人口減少」という言葉を聞かぬ日はありません。加えて、経済的格差は広がるばかりで、それにコロナ禍《か》による景気低迷や失業の増加が追い打ちをかけている。「老後への不安」は、すでに日本社会の通奏低音《つうそうていおん》となっています。

このまま高齢者が増加し、現役世代がさらに減り続ければ、私たちの人生の終盤は大きく変わらざるを得ないだろう……。意識する、しないにかかわらず、多くの日本人は薄々そう感じているのではないでしょうか。

では、「老後が消える」とは、具体的に何を意味するのか。死ぬまで働き続けることを余儀なくされる社会を想像する方もいるでしょう。また、いくつになっても体力と気力に満ちた新しい高齢者像を思い浮かべる方もいるかもしれません。

そのどちらも、あり得る未来です。

工事現場で車や歩行者を誘導している警備員や、オフィスを清掃している作業着姿の人が、どう見ても七〇代以上だと気付くことが増えました。高齢者を積極的に雇用する企業も現われ、定年退職後に新たに別の仕事を始めたり、地方へ移住して第二の人生を歩んだり、という選択もよく耳にします。そうかと思えば、高齢期を前に企業内で居場所を失った中高年のサラリーマンや、数十年先の老後への不安に苛《さいな》まれる単身で非正規雇用の若い男女もいます。

本書では、このような人々を広範囲に取材しました。間近に迫った老後レスの時代を前に、現に働き続けている高齢者の皆さんだけではなく、後半生の生き方に悩み、岐路に立っている中高年や若い世代も多く登場します。同時に、私たちが感じている閉塞《へいそく》感の原因、日本社会が抱える問題と、それを解決するための道筋について、多くの識者の意見も聞きました。本書をお読みいただければ、老後レスという言葉は両義的であり、肯定的にも否定的にも捉《とら》えられることがお分かりいただけると思います。

この本は、二〇一九年から二〇二〇年にかけて、日本の少子高齢化と人口減少をめぐるさまざまな問題を特集した朝日新聞の企画「エイジングニッポン」の一環として生まれました。参加した記者たちは三〇代から五〇代まで幅広い世代にまたがっており、当人たちもまた、自《みずか》らの人生後半戦について思い惑《まど》いながら、取材を進めました。老後レス社会を生きるヒントを見つけたいという思いは、この本を手に取ってくださった方と共通しています。

本書が世に出る前年の二〇二〇年は、世界中が新型コロナウイルスに翻弄《ほんろう》され、一カ月先の社会がどうなっているかも見通せない濃霧のような一年でした。コロナだけではありません。市場のグローバル化と日本経済の低迷、地球温暖化による気候変動、東アジアの安全保障環境の変化など、国内外の情勢は予測不能なことばかりです。

こんな確定的なことが何も言えない現在の日本で、確実に予想できる事象が一つあります。近い将来に高齢者人口が激増するということです。そして、どんなに時代が変化しようと、人間は必ず年を取るという事実もまた、変わることがありません。一人の例外もなく、すべての人が自分ごととして考えなければならないのが、老後レス社会なのです。

医療技術の進歩は目覚ましく、とりわけ世界有数の長寿国である日本では、今後も平均寿命が延びると予想されています。これは、あえて皮肉な表現をすると、「簡単には死ねない時代」がやってくるということでもあります。

人生一〇〇年時代の到来を、「長寿の夢の実現」と見るのか、それとも「長生きリスクの増大」と考えるのか。それは、これからの私たちの選択と行動にかかっています。本書に登場いただいた人たちと一緒に、老後レス社会の生き方を手探りしていきましょう。

二〇二一年二月

朝日新聞編集委員・「老後レス」特別取材班キャップ　真《ま》鍋《なべ》弘《ひろ》樹《き》

（本書に登場する人物の肩書、年齢は原則として取材時のものです）

# 目次

# 3章 ロスジェネたちの受難　105

## ——私たちは、のたれ死に？

# 6章

本文写真／朝日新聞社

# 序章

# 消える「老後」

## ■忍び寄る不安

私たちの人生から、「老後」という時間が消えていく。何歳になっても働き続けるのが当たり前……。そんな時代の足音がひたひたと聞こえる。

いままで納《おさ》め続けてきた年金や、必死に蓄《たくわ》えた貯蓄だけで、老後の生活資金は足りるのだろうか。そんな人生終盤の不安が多くの人の足元に忍び寄る。どうやら私たちは、高齢になっても働き続ける、「老後レス社会」を迎えようとしている。

その現場を訪ねる前に、この国をいま、覆《おお》っている二つの閉塞《へいそく》感、個人と社会の行き詰まりについて、考えておきたい。

「数十年先の自分の老後のことを思うと、怖くてたまらない。私は、のたれ死ぬしかないんでしょうか……」

引きこもり経験のある三〇代の女性は、取材にそう語った。

「年金だけでは施設に入ることも不可能。自分は孤独死するだろう」

「老後のための安楽死施設を開設してほしい」

三〇代後半から四〇代前半の非正規雇用に就《つ》いている単身女性たちを対象にした公的法

人の調査では、老後について、こんな回答すら寄せられている。

老後が怖い。そう考える人がじわじわと増えている。日本社会は戦後一貫して平均寿命を延ばし続け、世界に冠たる長寿国となった。一〇〇歳以上の人口は増え続け、二〇二〇年には八万人を超えた。人類史上、誰もが望んだ「長生き」という幸せを真っ先に手に入れた国で、老後に不安を募《つの》らせている人々が増えているというのは、何という皮肉だろう。

## 生活の足腰が弱まる人々

「長生きリスク」が語られ、老後に向けて「安楽死」という言葉すら飛び出す時代を私たちは生きている。その背景にあるのは、今世紀に入る頃からじわじわと日本社会を蝕《むしば》んできた「経済的格差」という名の分断である。

「国民総中流」という言葉を誰もが信じ、毎年少しずつでも収入が増え、将来に希望を持つことができた昭和の日本は、すでに遠い昔となった。一九九〇年代のバブル経済崩壊以降、長期にわたる経済の低迷によって、家計収入は痛めつけられてきた。

厚生労働省の国民生活基礎調査によると、世帯単位での収入の中央値、つまり収入を高い順に並べて真ん中に位置する世帯の年収は、バブル末期の九〇年代半《なか》ばから低下か横ばいを続け、二〇一八年で四三七万円となっている。二〇一九年、金融庁の金融審議会の報告書によって引き起こされた「老後資金二〇〇〇万円不足問題」が、あれほど耳目《じもく》を集めたのも、人々の経済的な不安が具体的な数字として目の前に現われたからだろう。

貧困に落ち込む人も増えている。日本の相対的貧困率（全国民の所得の中央値の半分を下回っている人の割合）は、主要国首脳会議（Ｇ７）各国で二番目に高く、日本は「格差社会」としか形容できない国になった。

所得の落ち込みにとどまらず、さまざまなかたちで「生活の足腰」が弱まっている人たちも増えている。

象徴的なのが、就職氷河期に社会に出た氷河期世代「ロストジェネレーション」（ロスジェネ）である。九〇年代半ばから二〇〇〇年代半ばまで、企業が業績悪化のために新卒採用を極端に絞り込むと同時に、政府は規制緩和として派遣労働を多くの業種で解禁した。このタイミングで就職活動をしたロスジェネたちは非正規雇用に多く就き、雇用も収入も社会的地位も不安定なまま、中年になった人が多い。

中高年の引きこもりや、高齢の親と同居の子の危機、いわゆる「七〇四〇問題」「八〇五〇問題」も、この世代の不遇が深く関わっている。不安定雇用は他世代にも広がり、二〇一九年には非正規雇用者が全体に占める割合は三八・二%と前年よりも〇・四ポイント増え、過去最高を更新している。

同時に、家族のかたちも変わり始めている。世帯類型を見ると、「単身世帯」は二〇一五年で約三五%に上り、「夫婦のみの世帯」や「夫婦と子からなる世帯」を超えて多数派となった。五〇歳時点での未婚の人の割合、いわゆる生涯未婚率は男性がほぼ四人に一人、女性が七人に一人で、今後も上がり続けると推計されている。

男性よりも平均寿命が長い女性は、将来的に高齢単身世帯となる可能性が高く、貧困に陥《おちい》りやすい。3章で詳述するが、国際医療福祉大学教授の稲垣誠一《いながきせいいち》さんの推計では、未婚・離別の単身高齢女性の貧困率は上昇を続け、二〇年後には約四割、四〇年後には過半数が生活保護受給レベルになるという。冒頭の女性たちの「絶望」は、数字ですでに裏付けられている。

## ■国家も閉塞感

この国で閉塞感を抱えているのは、「個人」だけではない。日本社会全体も、先行きに大きな困難が待ち構えている。

これから先の数十年、日本の人口が減り続けることは、人口推計によってすでに確定している。社会経済を扱う他の学問一般と比べて、人口学による将来人口推計はきわめて精度が高いことで知られている。しかも、人口変動にはモメンタム（慣性《かんせい》）が働くため、これからの日本が効果的な人口増政策を採《と》ることに成功し、出生率が急激に上昇したと仮定しても、あと半世紀は人口が減り続ける。ましていまのままでは、ピーク時には年間一〇〇万人というすさまじいスピードで人口減少が進むことが、国立社会保障・人口問題研究所によって推計されている。仙台《せんだい》と同規模の都市が毎年消えていくイメージだ。

一億二〇〇〇万人超の規模で回っているいまの生産、消費、財政がわずか数十年で急速に縮《ちぢ》むことに、この国は耐えられるだろうか。人々が得る総所得が減り、消費が減り、税収が減る。労働力不足が深刻化し、需要と供給の両面から経済にブレーキがかかり、国そのものの力が減衰《げんすい》していくのだ。

## 日本の人口の歴史的推移

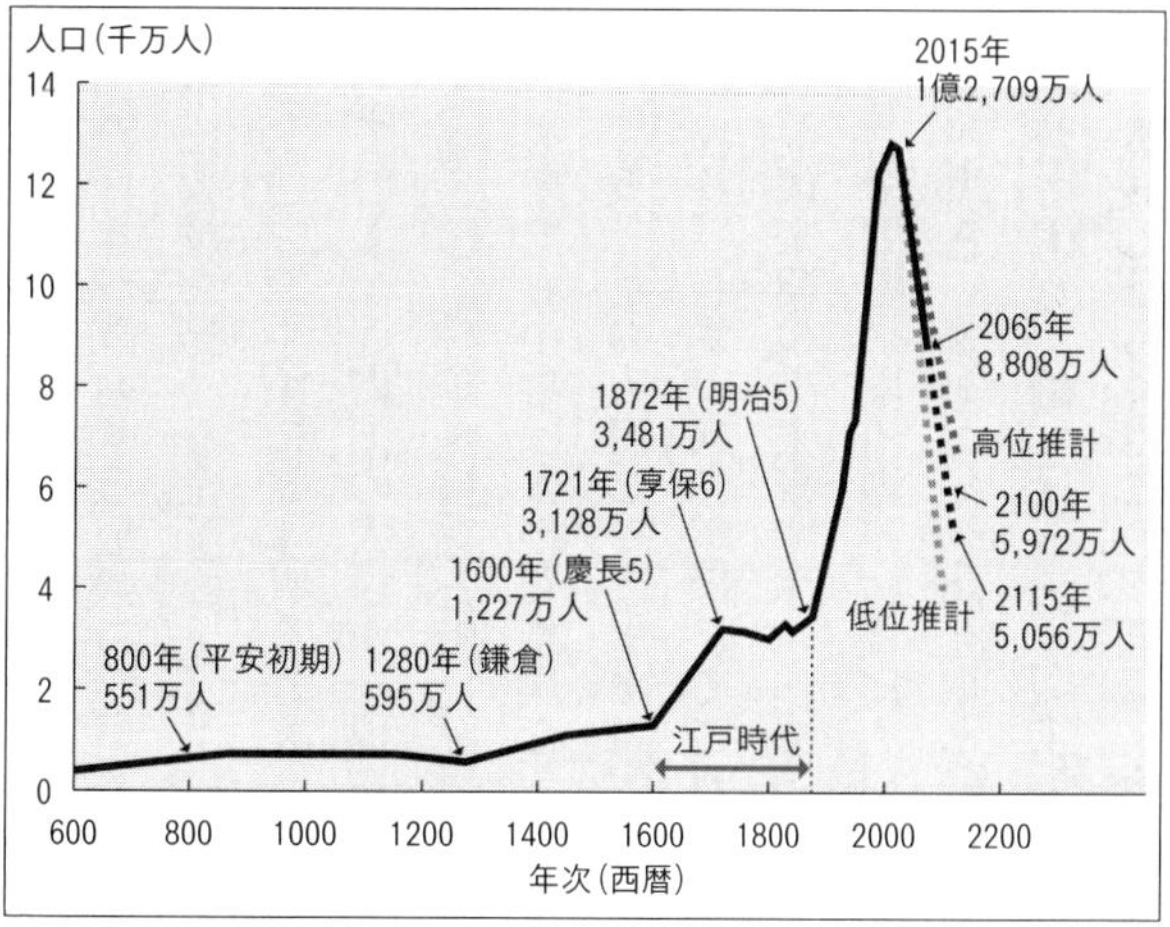


出典：国立社会保障・人口問題研究所、内閣統計局、総務省統計局などの資料による

人口減少と同時に高齢者の割合が増え続け、働く現役世代がやせ細り続けていくことが、さらに問題を深刻化させていく。それが後述する「人口オーナス」だ。高齢化は二〇四〇年に三五%、六〇年に四〇%になると同研究所は推計しており、世界に類を見ない人口の大変動がこの国をのみ込もうとしている。

安倍《あべ》晋三《しんぞう》首相（当時）は二〇一七年、人口減少と少子高齢化について、北朝鮮情勢と並ぶ「国難」だと述べた。その表現は少しも大げさではなかった。

## ■有史以来の転換点

この日本が直面する危機について、国立社会保障・人口問題研究所の前副所長で明治大学特任教授を務める金《かね》子《こ》隆一《りゅういち》さんは、「有史以来の大きな転換点」と形容する。日本の人口は二〇〇八年頃にピークを過ぎ、これから徐々に加速しながら、最後はつるべ落としに減っていく。この国の人口が一億を突破したのは戦後の高度成長期の一九六七年であり、今後は二〇五〇年を過ぎた頃に逆に一億人を切ると見込まれているが、「一億という同じ人口規模でも中身はまったく異なる」という。

「二〇五〇年の人口ピラミッドは、団塊《だんかい》ジュニア世代にあたる高齢者が大きく張り出すことになる。わずか八〇年ほどでこれだけ人口構造が変化をするというのは、世界史的に見ても前代未聞の出来事です」

ここで問題になるのが「従属人口指数」だと金子さんは説く。支える側である一五歳から六四歳と、支えられる側の年少・高齢世代（〇歳から一四歳、六五歳以上）の比率を表わす指数であり、働き盛りの人が自分以外に何人支えなければならないかという目安になる。戦後しばらくはこれが四〇％台で、五人で二人を支えればよかった。この扶養《ふよう》負担の減少で生じた余剰が、その後の経済発展のための投資となったが、これを人口学では、「人口ボーナス」と呼ぶ。

「しかし、そんなお得な時代がずっと続くと考えたら大間違いです。推計では、二〇六五年には従属人口指数が九四・五％まで上がり、一人で一人を支えることになる。この負債を『人口オーナス』と呼びます。日本の社会システムは人口ボーナスによる経済と人口の上り坂に合うように作られたため、下り坂にはマッチしていません。根本的な改革が避けられないだろうと私は考えています」

　現役世代に支えられる高齢者や子どもの人口が日本人全体の半分近くになれば、現在のままの社会保障制度が維持できるかどうかも危《あや》うい。人々が「年金不安」を募らせるのも、高齢者の医療費負担増が政治課題になっているのも、すべては人口危機が根源にある。これからの日本は、人口問題への取り組みを怠《おこた》ってきたツケを払い続ける宿命にあるのだ。

## ■二〇四〇年問題という「時限装置」

この人口オーナスのピークが日本を直撃するのは、いつだろうか。いま、研究者や政府関係者の間で最も懸念《けねん》されているのが、「二〇四〇年問題」である。この頃、団塊ジュニアという大きな人口の塊《かたまり》が高齢世代入りし、老年人口が最多となる。先に述べたように、この世代はロスジェネとして経済基盤も弱く、単身率も高い。日本社会そのものの持続可能性が大きな危機に瀕《ひん》する年、それが二〇四〇年だ。

これは、どの政党が政権を握ったとしても、誰が首相になったとしても、必ず作動する「時限装置」である。発火までの導火線の長さはわずか二〇年であり、個人の単位でも国家レベルでも、近い将来に「静かな災害」が待ち構えている日本。果たして、この難題を解決する処方箋《しょほうせん》を描くことはできるのか。

「そこでカギとなるのは、高齢者そのものです」と金子さんは語る。

「同じ六五歳でも過去と比べると健康度ははるかに上がっている。平均で残り何年生きられるかを基準にすれば、二〇六五年には八〇歳以上が高齢者という計算になる。そう考えれば、従属人口は四割程度となり、人口が増加していた昭和の頃とあまり変わらない」

昭和と令和の高齢者像の違いをとても分かりやすく示しているのが、「波平《なみへい》さん」だ。そう、昭和の国民的漫画「サザエさん」に登場する一家の大黒柱、磯野《いその》波平である。

## ■昭和と令和、それぞれの「波平さん」

頭髪はかなり寂しくなり、趣味は盆栽で、家ではいつも和服姿でくつろいでいる。まだ会社勤めをしているが、すでにシルバーの雰囲気を漂《ただよ》わせている波平さん。長男のカツオ、次女のワカメはまだ小学生ではあるものの、長女のサザエは結婚して、孫のイクラにも恵まれた。現代の都市部の感覚では、波平の年齢は六〇代半ばか後半ぐらいのイメージだろう。しかし、作中では、まだ五四歳とされている。朝日新聞で四コマ漫画の連載が本格的に始まった一九五〇年代は五五歳定年が一般的であり、まさに定年直前という設定だった。

その頃の日本と、いまの日本を比べて、大きく違うのは人生の長さである。当時の平均寿命は六〇代だったので、定年退職をして年金をもらい始めても、一〇年かそこらで多くの人にお迎えがきた。ならば、生活資金が足りなくなったり、年金財政を圧迫したりすることはない。これが昭和の「高齢者」だった。

それがいまや、男女とも平均寿命は八〇代に突入している。五五歳はまだ人生中盤であり、六五歳で定年になったとしても残り時間はまだ二〇年近くある。金子教授が言うように、残りの人生の年数を基準に考えれば、六〇代はおろか、七〇代もまだまだ現役と考えてもおかしくない。令和の波平は、そう簡単には老《ふ》け込むことができないのだ。

日本老年医学会によると、いまの高齢者は過去と比べて身体や心理機能の老化の始まりが五年から一〇年遅く、若返り現象さえ見られるという。さらにいまの高齢者は健康寿命だけではなく、教育水準や仕事のスキルも上がっている。年齢のハンディを補《おぎな》うようなＡＩ（人工知能）などの情報技術も利用可能になってきている。年齢で一律に「隠居」に追いやらず、高齢になっても自分の力を発揮できる社会は、すでにやってきているともいえる。

## ■「一億総活躍」の本音

そして日本政府も、高齢者にできるだけ現役のままでいてもらおうとする政策を採り始めている。安倍前政権が「一億総活躍」というスローガンを掲げたのは記憶に新しい。二〇一九年一〇月四日に召集された臨時国会の所信表明演説で、安倍首相（当時）は「（高齢者の）豊富な経験や知恵は、日本社会の大きな財産です。意欲ある高齢者の皆さんに七〇歳までの就業機会を確保します」と語った。

　その言葉の通り、翌二〇年四月には、「七〇歳まで働く機会の確保」を企業の努力義務とする改正高年齢者雇用安定法などの関連法を成立させた。現在の法律は企業に対し、定年廃止、定年延長、再雇用などによって従業員が六五歳まで働ける機会を作ることを義務づけているが、改正法はこれを七〇歳まで延長した。現在の三つの対応に加え、別の会社への再就職、フリーランス契約への資金提供、起業の後押し、社会貢献活動への参加支援の四つも選択肢として認める。政府は、将来的な義務化も視野に入れており、年金などの社会保障の担《にな》い手を増やすことが狙いなのは明らかだ。

　現役世代が減っていく以上、高齢者の力を生かすことの重要性は否定しがたい。その一方で、政権の姿勢には危うさも感じられる。高齢者の増加に伴って必然的に増える公的支援を、できる限り抑えることに力点が置かれているように見えるからだ。コロナ禍では

「ためらわずに申請を」と呼びかけているが、これまで国は、国民が貧困に落ち込んだ際の最後の切り札である生活保護を、できるだけ絞り込もうとしてきた。疾患に対する抵抗力や基礎体力が落ち、健康状態も急変しやすい高齢期は、いざという時に確実に受け止めてくれるセーフティーネット（安全網）がなければ、安心して働くことはできない。

## ■ディストピアか、人生の収穫期か

安倍氏を継いだ菅義偉《すがよしひで》首相は、目指す社会像として「自助・共助・公助」を掲《かか》げた。一見、当たり前のようにも思えるが、重要なのはそのバランスである。

「まずは自分でやってみる。地域や家族が互いに助け合う。そのうえで政府がセーフティーネットでお守りする」と菅首相は述べている。この考えを、そのまま老後レス社会に当てはめるのは乱暴すぎるだろう。六五歳以上の心身の状態はまちまちで、若者並みに働ける人もいれば、手厚い介護が必要になる人もいる。まずは自助だと言われても、病《やまい》や老いで働けない人や、いくら働いても生活費をまかなえない人たちは、途方にくれるしかない。

加えて、さきほど述べたように、これから高齢化を迎える世代には、就職氷河期に社会に出て、いまも非正規雇用や低賃金労働を余儀なくされている人たちが多く含まれている。人生の終盤になっても自己責任を問われ、「働かざるもの食うべからず」という強迫観念に追い立てられるすさんだ社会は、暗黒の未来、ディストピアだ。

「二〇四〇年には推計で年間、約一六八万人が亡くなります。戦争以外でこれほどの人が死ぬことはいままでなかった。一六八万の魂《たましい》がどう旅立っていくのか、それが、この日本の百年を象徴するのではないでしょうか」

1章に登場する中央大学教授の宮本《みやもと》太郎《たろう》さんは、私たちの取材にこう語った。まさに、私たちの生《せい》をどう締めくくるか、それが問われている。

一本の単線レールにみんなが乗り、一定の年齢でみんなが同時に降りる。それが昭和の日本社会だった。これからは、そんなコピーのような老後はなくなるだろう。波平さんのように当たり前に定年退職を迎え、年金をもらいながら働かずに長い晩年を送るような人は今後、少数派になるのは間違いない。いままで当たり前と思っていた高齢期の常識は、通じなくなっていく。

誰もが人生の半分を設計し直さなければならない。そんな「老後レス社会」がやってくる。六五歳以上を、自己責任の呪縛《じゅばく》に囚《とら》われる暗黒の未来にするか、あるいは豊かな人生の収穫期とするか。多くの人たちの人生後半戦に向けた思いや判断、行動を紹介していきたい。

# 1章

# 高齢警備員

## ——過酷な現場でも「死ぬまで働く」理由

## ■七一歳のハローワーク

「老後レス」取材の出発点になった出会いがある。

二〇一九年秋の平日、東京・池袋《いけぶくろ》のハローワーク（公共職業安定所）。若い男性や赤ちゃんを抱えた女性に交じって、一人の男性の姿が目にとまった。

紺色のキャップを目深《まぶか》にかぶり、リュックサックを手に、ややおぼつかない足取りの白髪の男性だった。声をかけると、ぽつりぽつりと身の上話をしてくれた。

七一歳。東京都板橋《いたばし》区にある家賃月三万円のアパートで、六五歳の妻と二人暮らし。月七万円の年金と妻がレジ打ちのパートで稼ぐ数万円でやりくりする。二〇一八年まで二〇年間、バスの運転手として勤めたが、運転に不安を感じるようになり、辞《や》めた。だが、食事の回数を減らすほど生活費はギリギリになったという。数カ月前から通うハローワークでの求人は、倉庫での軽作業などが中心で、収入は大きく下がった。

「まさかこの年まで働かないといけないなんて。七〇歳を過ぎると選べる仕事なんてもうないですよ」

男性はそう話した。

七〇歳以上の就労が増え続けている職種がある。その一つが警備員だ。道路を一部通行止めにして行なう工事などで、車両や通行人の安全に気を配りながら案内する交通誘導が代表的な仕事である。

業界は慢性的な人手不足だが、賃金は低い。戸外で長時間立ち続ける仕事で体力的にもハード。そんな仕事で、老後の人生を立て直した人たちに出会った。

## ■厳しい現場に出る理由

リモートワークが可能な事務系の働き手と違い、必ず職場に出向く必要がある「エッセンシャルワーカー」の存在が、コロナ禍でクローズアップされた。必要不可欠な仕事だからこそ、雨の日も風の日も働く。

二〇一九年一〇月二五日、記録的な豪雨に見舞われた千葉県内。風雨がふきすさぶスーパーマーケットの建設予定地で、柏耕一《かしわこういち》さんは、セメントを運ぶ大型トラックを誘導していた。コンビニで買ったレインコートでは完璧な防水とまではいかず、尻までぬれた。

「年に数回あるかないかのキツイ現場。それこそヨレヨレになりました」日給九〇〇〇円。一九四六年生まれ、当時七三歳の柏さんがこんな厳しい現場に出続けるのは理由がある。「六五歳を過ぎると、警備員以外で雇ってくれるところがない」。三〇年以上、書籍の編集プロダクションを経営し、三〇〇冊以上を世に送り出してきた。一〇万部以上売れた本が九〇冊あるという。「調子の良い時には、給料と経費をあわせて年に一〇〇〇万円くらい使えていた」。だが、公私の区別があいまいになったのがアダとなった。競馬にのめり込み、不動産などへの投資も失敗。放漫経営のツケは、約二五〇〇万円という税金の未払いという形で回ってきた。

　取引先から二〇〇〇万円を前払いしてもらい、滞納した税金の支払いにあてたこともあるが、信用はガタ落ち。一〇年ほど前、プロデュースしたダイエット本がヒットした時も、印税が振り込まれた会社の銀行口座が差し押さえられた。働く意欲も薄れ、「坂道を転げ落ちるように」会社の売り上げも激減していった。

　自営業で国民年金の加入期間が長かったこともあり、年金は夫婦を合わせても月六万円ほど。自宅を手放した後に移ったアパートの家賃六万六〇〇〇円を含め、生活費を稼がな

柏耕一さんは68歳から警備員として働き始めた

いといけない。手っ取り早く稼ぐため残された道が、六八歳から始めた警備員の仕事だった。月給は額面で約一八万円。税務署はこちらの収入には手をつけなかった。

当初、仕事はつらかった。そうなった理由の一つは、千葉県柏《かしわ》市の自宅近くで働くと知り合いに会うのがいやで、わざと電車で一時間以上離れた場所での勤務を選んだからだ。真冬の午前四時、東京・赤坂《あかさか》の現場で寒さと睡魔《すいま》で体が棒のようになり、思わず尻もちをついたこともある。私鉄沿線で未明に仕事を終え、駅前の店の軒下《のきした》で、冷たい風が吹きすさぶ中、始発を待つ惨《みじ》めさは身にしみた。

## ■職場は「七〇歳以上が八割」

警備会社で働いてみて驚いたのは、働く高齢者の多さだった。なかには八〇歳を超えた人も。いまの勤務先では、七〇歳以上が八割を占めている。そう社長が教えてくれた。

「超高齢化社会に進む現代日本の縮図がここにある」。そんな思いが日増しに強くなった。交通誘導で道行く車のドライバーに罵声《ばせい》を浴《あ》びせられ、警備員自身が「最底辺の職業」と自嘲《じちょう》する。そんな現場の実態と、人間臭いドラマを描けば面白いのではないか——。薄れていた出版の仕事への意欲がまたよみがえってきた。

こうして書き上げたのが『交通誘導員ヨレヨレ日記』（三五館《さんごかん》シンシャ）だ。「当年73歳、本日も炎天下、朝っぱらから現場に立ちます」というコピーをつけた本は、二〇一九年七月に出版された。初版は四〇〇〇部だったが、その後の増刷で六万七〇〇〇部（二〇二〇年一〇月時点）のスマッシュヒットになった。

「定年後も、生活のためというのもあるでしょうが、社会の役に立つというのがスゴイです」。そう書かれた読者からのはがきが、ことのほかうれしかった。

借金だらけの会社も清算し、差し押さえの恐怖からも解放されたいま、柏さんは一番大事なものを取り戻せた。編集者としてもうひと花咲かせるという希望だ。現実にはならないかもしれないが、希望さえあれば苦労にも耐えられる。

柏さんにとって、警備員の仕事は転機になった。

「働く場所があるというのは、高齢者にとっては救いです。八〇歳までできると思うと、安心感があるんですよ」

ここを出発点に「本業」への意欲が復活した。死ぬまで働いて、最後に「おもしろい人生だったな」と思えればいい。妄想《もうそう》かもしれないと思いつつも、自信はある。「ただし、健康の問題だけは分からない。昔から糖尿病の持病がありますからね」。

## ■コロナ禍でも需要は堅調

年明けからコロナ禍に見舞われた二〇二〇年、ようやく勤務が通常のシフトに戻ってきたのは五月下旬から六月にかけてだった。七四歳になった柏さんは、千葉県浦安《うらやす》市の水道工事の現場に配属された三〜四人の警備員の一人として、交通誘導をしていた。

二〇日間続いた現場はきつかった。午前五時に起床、八時に現地に到着し、着替えなどの準備をすませて九時から仕事を始め、終業は午後六時。自宅に帰り着くのは午後八時だ。これを二〇日間も続けたのだ。「暑かったし、突然の雨もあったし、ヘロヘロになりましたよ」と柏さんは苦笑いする。「楽な現場だと午後三時か四時には終わりますからね」。

長時間の勤務と通勤に加えて、疲れを倍加させたのが、仕事の発注元である工事会社の現場監督だった。「四〇歳くらいの親方で、何かにつけ警備員を見下す態度をとってイヤだった。働く時間だけでなく、気心《きごころ》の知れた仲間や親方と一緒かどうかが、仕事の疲れ具合を決めるんです」。

コロナ禍は柏さんの仕事に大きな影響を及ぼした。政府が緊急事態宣言を出していた四月の出勤日はたったの三日。当時は、千葉県内の大手パチンコ店を勤務先として、駐車場に出入りする車の誘導を主にしていた。一日二交代制で、四人の警備員がシフトを組んで勤務を回しており、週末の出勤もあった。ところが、四月七日からパチンコ店が突然、事前予告もなく閉店してしまい、完全に仕事がなくなってしまったのだ。

続く五月も、ゴールデンウィークと緊急事態宣言の影響で出勤日数はわずか七日。四月と五月の収入は九万円にとどまった。

知り合いの警備員でも、四月が全休になるなど仕事がガタ減りした男性がいた。六〇代で、妻と四〇代の息子と暮らしている。妻は体が弱くて働けず、息子も働いていない。柏さんは、社会福祉協議会で実施している「緊急小口《こぐち》資金」の特例貸付を利用するよう勧めた。

一方、柏さんが直接話を聞いた六〇代一人、七〇代三人の警備員は、仕事は特段減っていないと答えた。「交通誘導の主たる仕事場は、ガス管や水道管の入れ替えや建設現場、電線の点検・架設などで屋外が多く、『三密』にはなりにくい。今後は、仕事がそれほど減ることはないだろう」と柏さんは考える。

職業別の有効求人倍率を見ると、緊急事態宣言が出た二〇二〇年四月は全職業で一・一三、六月には一を割り込み、八月には〇・九五、一一月も一・〇〇と低迷している。一方、警備員を含む「保安の職業」は五月の五・七四を底に回復を始め、一一月には六・五八まで戻っている。

「この警備業という職種は、地味ながらもコロナのような大きな外的要因にも左右されることが少ない。人々の社会生活に密着した必要不可欠な仕事であることを物語っているんじゃないでしょうか」

## ■この仕事に救われた

仕事があることは人間の魂を救う――。

そう強く感じたのは、東京の多摩《たま》地区で警備員として働く七七歳の男性、マサさんの話を聞いた時だった。

「いつ仕事が入るか分からない中で、待機するのは大変です。でも、自分の仕事が世の中の役に立っていると感じられる」

勤務する警備会社では、ガス漏《も》れ疑いなど突発の緊急工事に対応する隊員が五人ほどいる。マサさんを含めて、いずれも七〇代だ。「周《まわ》りは、みんな同世代。気心が通じて楽しい仲間と働けるのが誇《ほこ》りです」

仕事は楽ではない。取材を受けてくれた二〇二〇年一〇月に出向いた現場は、たとえばこんな感じだ。

○日曜日の午後六時、「今日はもうないかな」と思いながら、夕食をとっていたところ、会社から「緊急の仕事が入ったから迎えに行く」との連絡が携帯電話に入った。すぐに制服に着替えて待機。車で四〇分ほどの現場で勤務を始めたのは、連絡を受けてからわずか一時間後のことだった。ガス漏れの通報で、一〇〇メートル四方の区域の立ち入りが制限されていた。消防車やパトカー複数台が赤色灯を回して緊張感のある雰囲気のなか、交通誘導の仕事が終わったのは翌日の午前二時だった。

○平日の午後一時から午後四時の「楽な勤務」を終えて戻る車中、「夜の仕事が入った」との連絡が。今度は午後八時から翌日午前一時まで現場に立った。途中、雨が降り出した。家に戻って焼酎のお湯割りで体を温《あたた》めていると、朝刊が配達される音が聞こえてきた。

仕事の大変さを話しながらも、マサさんの表情は明るい。

一年前に働き始める直前は、まったく違う精神状態だった。「所持金は一五〇〇円。追い詰められていた」。

それまでの人生、いくつか波乱があった。高校を卒業後、九州から集団就職で上京。カメラの部品工場を経《へ》て、高度経済成長期には広告会社に勤め、三〇歳で当時四〇万円以上の給料がもらえたという「華やかな時代」も経験した。

ただし、職場の人間関係などを理由に、何度か転職。六〇歳前には、長年連れ添った妻と離婚した。

家を飛び出し、貯金や年金で食いつないだが、段々と生活のしんどさは増していった。二カ月に一度の年金の支給日の朝、銀行が開くと同時に飛び込んでお金を下《お》ろし、その足で牛丼屋に駆け込んだこともある。

口座残高がゼロになり、手持ちのお金がほぼなくなったのを機にハローワークに行き、たまたま同じに日に開かれていた就職相談会に参加した時には七五歳を過ぎていた。「七五歳以上でも働ける会社」として紹介された四社のうち、一番上に名前があった警備会社のブースに足を運んだ。これが転機になった。

「そこにいた社員と話をしているうちに『このヒトはいい人だ』と感じたんです。一時間もじっくり話をして自分の生活を立て直すきっかけをつくってもらえた」と、マサさんは振り返る。その翌週には、履歴書持参で正式な面接を受け採用が決まった。「半月分の生活費をサラ金で借りようと思っていた」と言うが、会社が「研修費」を払ってくれて、給料日までの生活費にあてることができた。

生活費は十数万円の月給で賄《まかな》い、年金は将来に備えて貯金できるようになって「生きているのが楽しくなった」という。難病の治療で短期間受けていた医療扶助も、自《みずか》ら市役所に出向いて終了の手続きをした。

マサさんにとってありがたかったのは、気の合う仲間と出会えたことだ。警備員として働き始めて半年ほどたった頃、職場の人間関係で悩むことがあった。そのとき、同じくらいの年齢で悩みを相談できる相手から「人のことは気にするな。自分が強くなれ」というアドバイスをもらったことで、吹っ切れたという。

もう一人、取材に応じてくれた男性（七五）は、高校時代は全国レベルのスポーツ選手だったといい、俊敏に車両を誘導する姿はとても年齢を感じさせない。

三〇代後半で不動産仲介会社を立ち上げ、一時は六〇人以上の社員を抱えた。だが、バブル崩壊で会社を整理。その後も不動産業界で懸命に働き、負債三〇〇〇万円は一五年かけて完済した。

七〇歳で警備員になり「働けば日当がもらえるので、不思議な気分だった」と言う。人生のほとんどを、基本給なし、完全歩合制の職場で過ごしてきたからだ。「販売の職場には社員全員分の業績グラフがあって、毎月初めにはそれが真っ白になり、ゼロからのスタート。神経がくたくたになった」と振り返る。

この男性とマサさん、高齢になって入社した警備員二人が口をそろえたのは「仲間に明るい人が多い」「大勢いる現場が楽しい」など職場の人間関係の良さだ。

## ■目指すのは「心地よい職場」

マサさんが勤務する「都市総合警備保障」は、ＪＲ立川《たちかわ》駅から徒歩で一〇分ほど、住宅街の一角に、民家を改装した社屋がある。外観も内装も木材を上手に配してソフトな雰囲気が印象的だ。警備会社というと、なんとなく男っぽい、硬派な職場を想像していただけに、ちょっとした驚きだった。

都市総合警備保障の設楽三恵社長と、社員のマサさん

迎えてくれた社長は、設楽《したら》三恵《みつえ》さん（六三）。父親が経営していた配管工事会社の一部署だった「警備部」を独立させる形で母親が会社を設立。設楽さんは、三〇歳代から現場で実務を指導する担当として経験を積み、二〇〇六年に姉から経営を引き継いだ三代目だ。

「男社会なので、なめられないよう気を張ってきた」と言う。いまは、約九七〇社が加盟する東京都警備業協会の女性部副部会長も務める。

「規模拡大を目指さない」というのが設楽さんの方針だ。「いまの人数であれば、社長の私と社員、社員同士の関係が近く、心地よい職場がつくりやすい」と考えるからだ。

いま、社員三三人のうち、六〇代が八人、そして七〇歳以上が一五人。高齢者の頑張りなくしては、会社は立ちゆかない。最高齢は七八歳だ。

「年金が足りないとか、こんなトシになっても働かなくてはいけないと文句を言うのではなく、『まだまだ働ける』という自《みずか》らの意思が大切。老後は、年齢で一律に区切られるものではない。年齢が高くても、生活を立て直そうという気概《きがい》と真剣さがあれば、働ける」と話す。

## ■「仕事の大変さを強調しないで」

ただし、誰もがマサさんのように、働けることに感謝し、やりがいを感じながら仕事をしている人ばかりではない……。そう設楽さんは率直に語る。

警備員や交通誘導員の中には、「他で使ってもらえないから、仕方なくここで働いている」という人もいるのが現実。「底辺職」イメージにとらわれ、そこから抜け出せない人がいるのも事実だ。それが働きぶりに表われると、傍《はた》からは十把《じっぱ》一絡《ひとから》げで「やっぱりそん

## 70歳以上の高齢警備員の増加が目立つ

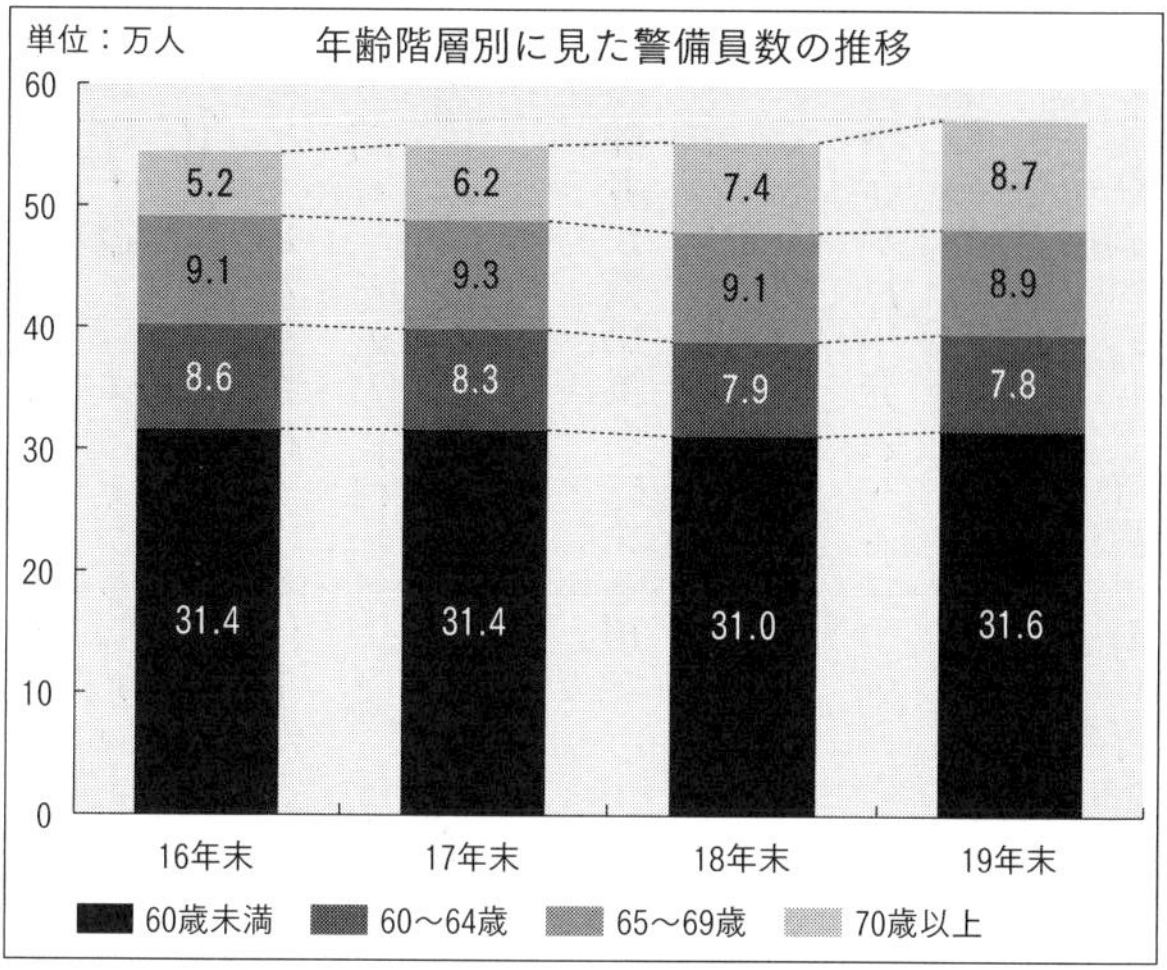


出典：警察庁調べ

な仕事なんだ」と見られてしまう。その悪循環をどうすれば打破できるのか……。

もう一つ、設楽さんにクギを刺されたのは、「警備の大変さをことさらに強調しないでほしい」ということだ。警備員たちが頑張って仕事をしている姿を知ってほしいという思いはある。一方で、「雨でも雪でも立たないといけないキツイ仕事」というイメージが、求職者に「ほら、やっぱり大変なんだ。自分がやるのはイヤだなあ」と思わせてしまい、人材確保の阻害《そがい》要因になってきたからだ。

「世の中、大変じゃない仕事なんてないですよね。みんな、いまの仕事を頑張って生活しているんですよ。それだけの話じゃないんですか」

コロナ禍で、エッセンシャルワーカー（必要不可欠な労働者）やアンサングヒーロー（縁《えん》の下《した》の力持ち）という言葉がクローズアップされた。「そこまで大げさに考えなくてもいいけれど、必要とされている仕事があり、その仕事をしている自分は必要とされている、という誇り、それが自信に繋《つな》がる。それが仕事ぶりに表われたら、世間の見方も変わり、『悪循環』を断ち切ることにつながるのではないか……」。設楽さんは、そう考えている。

## ■高齢者が警備業を支える現実

街中の工事現場でよく見かけるように、高齢者が警備員に占める割合は驚くほど高い。そしてその割合は年々、上昇し続けている。

警察庁が毎年発表する「警備業の概況」によると、二〇一九年末時点で全国五七万人の警備員のうち六〇歳以上は四五％。増えているのは七〇歳以上で全体の一五％を占め、七人に一人以上にあたる（前ページのグラフ参照）。

工事やイベントで道路使用許可を警察から得るためには、一定数の警備員配置が不可欠だ。申請する際には、道路規制図を添えて、警備員の配置を書き込む。安全が確保される人数が配置されないと許可が出ない。もし後から配置されていないのが見つかると、施工業者が処分される。

こうして生まれる雇用が「年金の足しに」などの理由で働く団塊世代の生活を支える構図が浮かぶ。

警備業界を研究している仙台大学准教授の田中智仁さん

仙台大学准教授（警備保障論）の田中智仁《たなかともひと》さんは「コロナ禍で警備会社も経営は厳しいが、災害復旧の公共工事や老朽化したビルの改築工事の現場での需要は底堅《そこがた》い」と話す。最近では、観光業や飲食業から流出した人材が参入しているという。

『警備ビジネスで読み解く日本』（光文社新書）の著書がある田中さんは、自身も大学時代から一〇年間、警備員として現場に立ち続けたという異色の経歴を持つ。

「警備員は基本的に『嫌われ者』です。交通誘導について言えば、ドライバーはまっすぐ行きたいのにストップさせられる。イラッとした気持ちをぶつけられることがよくあります。罵声を浴びせられ、胸ぐらをつかまれたり、小突《こづ》かれたりすることさえ珍しくない。火のついたたばこやペットボトルを投げつけられることもある。人間として見なされないような感じで、心の傷になりますよ」

田中さんは、そう振り返る。

記者も住宅街の道路を通行止めにした現場を取材している最中、六〇歳前後の男性ドライバーが交通誘導員に悪態をついてから走り去った場面を見たことがある。イライラをぶつけられ黙って堪《こら》える姿は、傍《はた》から見ていても心が痛む光景だった。

一方、田中さんはこうも言う。「逆に『どうぞお通りください』と通行人に声をかけた時、軽くでも会釈《えしゃく》を返されたりするとうれしいものです。人の役に立ったという実感が持てて、もう全然違いますよ。大げさに言えば、存在証明を得られた感覚になります」

警備業界が慢性的に人手不足に悩んでおり、コロナ禍でも求人倍率が回復してきたことは先に見た通りだ。

「人手不足ですので、犯罪歴があるとか、一八歳未満という『欠格要件』にさえあてはまらなければ、『この人、大丈夫か？』と感じるヨレヨレの人でも受け入れてもらえています。生活保護やホームレスになりかねない人々が、警備員の仕事をして生き延びるという例は多々あります」と田中さん。

一方で、「本当のプロ」もいる。国家資格である警備業務検定の一級に合格するような人だ。二人必要な交通誘導の現場を一人で切り回せる力があるという。複数の警備員が配置される現場では仕事の大変さに濃淡があり、一人こうした優秀な人材がいれば何とか回っていく。「『現場が好き』という優秀な人が一定数いるので、この業界は成り立っている」と田中さんは説明する。警備員約五七万人に対して、「一級」の資格保有者は二万九八〇〇人しかいない（二〇一九年末現在）。

## ■待遇は少しずつ改善傾向に

警備業者は全国で九九〇八社（二〇一九年末現在）あり、五年間で六六八社増えている。

セコムや綜合《そうごう》警備保障（ALSOK《アルソック》）の大手二社は例外中の例外で、ほとんどは警備員一〇〇人未満の中小企業であり、全体の約九割を占める。さらに一〇人未満の零細業者が三五％にのぼる。小規模な会社になるほど、仕事の発注元との契約交渉で弱い立場に置かれがちになるのは想像に難《かた》くない。

統計に表われる警備員の給料は他職種に比べて低い。

二〇一九年の所定内給与額で見ると、全業種平均で三〇万七七〇〇円のところ、警備員は二〇万八三〇〇円。ただし、一〇万円もの差は、高齢で未経験の人も始めやすい職種であることを反映している可能性がある。また、二〇一二年から一九年の推移も見ると、全業種の上げ幅がちょうど一万円だったのに対して、警備員は一万九八〇〇円上がっており、差は縮まっているようだ。

警備員の処遇改善に影響するのが、国土交通省が毎年二月に発表する公共工事設計労務単価だ。労働者本人が受け取るべき賃金を日額換算した数字で、手取りではなく、社会保険料の本人負担分を含んでいる。

全職種平均では二〇一一年度の一万三〇四七円を底に上昇を続けており、二〇二〇年では二万二一四円。報道発表資料は「最高値を更新し、二万円台の大台を突破」とうたい、

## 労務単価の推移(交通誘導員B)

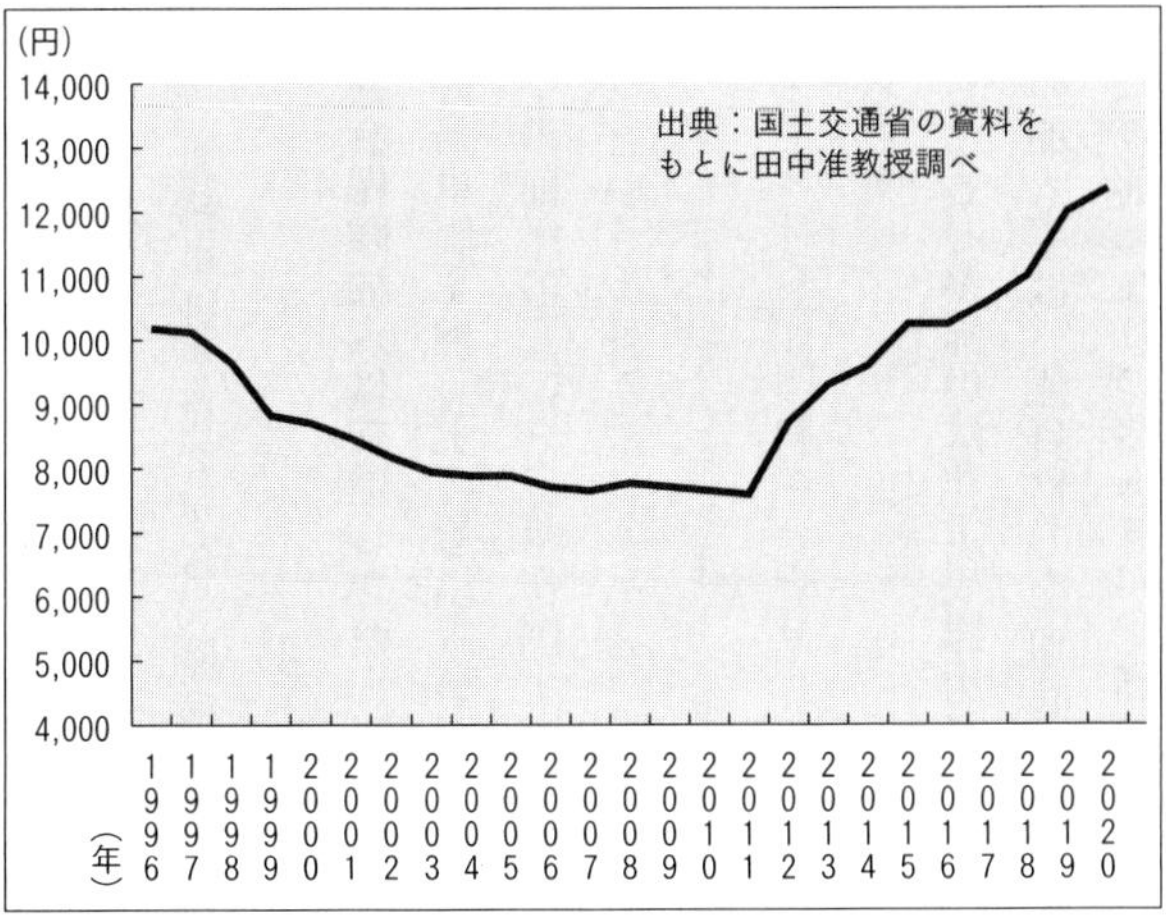


1日8時間あたりの賃金(法定福利費含む)の単価。2010年代以降に大きく上昇している

賃金引き上げの成果を誇ってきた「アベノミクス」と響き合っているようだ。

公共工事に関わる五一の職種のうち、主要一二職種別の全国平均値も発表され、交通誘導警備員A（業務検定一級または二級に合格）は一万四〇五三円、それ以外のBは一万二三二一円だった。こちらは二〇一一年から五〇〇〇円近く上昇している（グラフ参照）。

労務単価は、公共工事の予定価格を計算する時に使う人件費の基準だ。「これぐらいの賃金を払う必要がありますよね」という相場を公的に示すことで、元請《もとう》けの企業がダンピング受注し、下請けや労働者にしわ寄せされ賃金が下がることを抑止したいという期待がある。また、基準が引き上がれば、下請け企業も料金引き上げを交渉しやすくなるようだ。都市総合警備保障の設楽社長も、「労務単価を見ながら、警備料金を毎年上げさせてもらっている」と話す。

## ■社会保険加入は前進したが……

労務単価を押し上げる出来事が二〇一三年にあった。

その前年の二〇一二年に国土交通省が『社会保険に未加入の事業者を工事に参加させない』という方針を示したのだ。国交省の「社会保険の加入に関する下請指導ガイドライン」は、「未加入であれば、下請企業に選定しないとの取扱いを徹底」と明記した。その効果で、社会保険料を上乗せした警備料金が払われるようになり、労務単価が上がったと見られる。

もともと警備員は非正規雇用が多く、二〇一二年当時、健康保険や厚生年金など社会保険の加入率は、無資格の交通誘導員だと二割程度と低かった。「いまは、社会保険加入が当たり前になりつつあるが、高齢の警備員の加入には課題がある」（田中さん）という状況だ。

田中さんは大学生になった一八歳の時から警備員のアルバイトを一〇年続けた。その中で忘れがたい思い出がある。

同じ現場の人が倒れた。救急車を呼び、田中さんも同乗したが、「お金がない。病院はムリだ」と大暴れしたのだ。病気はストレス性の胃潰瘍《いかいよう》。健康保険証がないために病院に行かず我慢に我慢を重ねて、胃に穴をあけてしまった。歯が痛いのに保険証がないために歯科医にかかれないという人もいた。

人材不足対策と社会的地位の向上を目指して、二〇一七年六月に全国警備業協会が報告書をまとめた。その中に、交通誘導や雑踏《ざっとう》警備の業者に対して社会保険加入のサンプリング調査した結果（回答は一三四社）が掲載されている。

公的医療保険については、「特に七〇歳以上では二四・六％と極端に無保険者率が高くなっている」と憂慮《ゆうりょ》される実態が垣間《かいま》見えた。未加入の理由は「本人が加入したがらない」が八五％。本人が加入したがらない理由は「給料の手取りが減るため」が九九％、「保険制度の内容やメリットがよく分からない」が四五・三％だった。

### ■病に倒れた元警備員

「社会保険料を天引《てんび》きされて手取りが減るのはイヤだ」「病気にならないから保険料を払う必要はない」

そんな警備員に出会ったのは、二〇一三年一〇月のことだった。きっかけは朝日新聞社に届いた一通の投書。「介護保険法は憲法違反」というタイトルだった。

六五歳になって介護保険証が送られてきた。市役所と厚生労働省に問い合わせると、「強制加入で脱退できず、介護保険料を払わなければ差し押さえられる」と言われた。手紙は「介護を受けない自由、介護保険から脱退する自由を認めないことは、憲法で保障された基本的人権を侵害する」という論旨《ろんし》だった。年金も受け取っていない、健康保険にも入っていない、ともあった。

手紙の送り主の小西雅昭《こにしまさあき》さんに会って話を聞いた。

一九七三年のオイルショックのさなかに大学を卒業した。最初の就職先は「未上場株を扱うサギの会社」だったことが分かり、一〇カ月で退職。それから社員として働いたのは三三歳まで。それ以降はずっと「フリーター」として働いていた。工場の作業員や警備員

歩行のリハビリをする小西雅昭さん

の仕事を中心に、長くて数年、短ければ数日の勤務を繰り返し、八五回転職したという。

「社会保険料はムダ」との思いから、なるべく余分なお金を払わない働き方を選んできた。国民健康保険は未加入。病院にかかった記憶はない。自分の健康に自信があったし、仏教の熱心な信者である自分は「信仰によって健康を維持できている」と考えてきた。

「働けなくなってお金がなくなったら飢え死にを選びます。介護を受けるなら生きている意味はない。認知症になるなんて考えられないですね」

そう話した小西さんは、当時すでに三年ほど同じ警備会社に勤めていた。年に三～四回は転職するのが普通だった身には異例の安定就労だ。二〇〇万円ほどの年収のうち四〇万円を貯金にまわすことができるようになり、「八〇歳で一〇〇〇万円を貯める」ことが目標となった。

## ■介護保険に救われる

ところが、ちょうど四年後、小西さんを突然の病が襲った。六九歳の誕生日を迎えた翌月、二〇一七年一〇月三〇日午前八時、横浜市内の工事現場だった。

朝礼の最中、「〇×警備の小西です」と名乗ろうとしたが、ろれつが回らない。周りの人から「フラフラしているぞ」と言われ、へたり込んだ。立ち上がろうとして倒れ、そのまま病院に救急搬送された。

くも膜下出血だった。五週間後、リハビリ病院に転院し、倒れてからほぼ五カ月後の三月三〇日に退院した。

不幸中の幸いだったのは、二〇一〇年から勤めていた警備会社で健康保険と厚生年金に入っていたこと。倒れる八カ月ほど前だった。前述のように国は公共工事に関係する会社に対して、社員を社会保険に加入させるよう働きかけていた。そのおかげもあったのだろう。

入院中の医療費は自己負担分を除き、健康保険から支払われ、傷病手当金も受給できた。

ただ、左半身に麻痺《まひ》が残り、歩くことも不自由になった。滞納した介護保険料二年分などをまとめて払い、要介護認定も受けた。ホームヘルプが毎日、デイサービスと訪問リハビリテーションをそれぞれ週一回、というケアプランでサービスを使っている。

「大言壮語《たいげんそうご》して恥をかきました。反省しています」と、小西さんは小声で話した。

「働いて健康保険に入っている間に倒れたのは不幸中の幸いだった。もし、仕事を辞めた後に倒れていたらもっと大変だったろう」とも。

ただ、八〇歳まで働くライフプランは崩れた。

入院時には約二四〇万円あった貯金は徐々に取り崩さざるを得ず、残高が1カ月の生活費を切る程度になった時点で、生活保護を受け始めた。「お金がなくなったら飢え死にする」と言っていた小西さんだが、いまは「ヘルパーさんへの支払いがあるから、生活保護を受けないといけない」と言う。

## ■八五歳に年齢の壁

小西さんが抱いていた「八〇歳でも働く」という希望を実践してきた人がいる。

千葉県に住む千代栄一《ちよえいいち》さん（八五）は、二〇二〇年四月まで、警備員として働いていた。職場は千葉県内のパチンコ店で、駐車場に出入りする車の誘導が主な仕事。午前七時半から午後三時半までの早番か、午後三時半から午後一一時半までの遅番で月二〇日働き、一八万円ほど稼いでいた。

所属していた警備会社の面接を受けたのは、なんと八〇歳の時。「働かせてくれるのは七五歳までと言うから、一回り、サバを読んで昭和一三年生まれにしたんだ」と千代さんは、いたずらっぽく笑う。

もともとは左官《さかん》業を営《いとな》み、最盛期には八〇人の職人を束《たば》ねる親方だった。大手ゼネコンの仕事を請け負って、東京タワーや都内の有名劇場などの建設に携《たずさ》わった。だが、連

千代榮一さん。80歳で警備会社の採用面接を受けた

帯保証人となった知人の負債を肩代わりするため自宅も手放すことになってしまう。給料と同じぐらいの年金はあるが、娘と暮らすアパートの家賃と生活費の不足分を補うためには働き続けることが必要だった。

　警備会社に就職して半年ほど経《た》って、税務署から「生年月日が違う」という指摘があり、年齢を偽《いつわ》っていたことは分かってしまったが、それまでの真面目な仕事ぶりが評価され、そのまま働き続けることができた。「監視カメラにいつも映る位置に立つんだ。そうするとパチンコ店のマネージャーも安心してくれる」と千代さん。

　自分にぴったりの職場で、もっと働いて

いたかった。しかし、コロナ禍で職場だったパチンコ店が休業を余儀なくされ、会社を辞めることに。その後、ハローワークにも通っているが、「年齢の壁」のせいで仕事が決まらない。高齢者歓迎の求人でも、「七五歳が上限」が多いと言う。

「仕事があれば何でもやるよ。元気でシャンとしているんだから」と残念そうに話す千代さん。確かに肌はツヤツヤで、背筋はまっすぐ。しっかりとした足取りで歩く姿は、七〇代にしか見えない。声も若々しく、受け答えからも年齢を感じさせない。

「エッ？　昭和一〇年生まれ？　平成じゃなくって？　なんて、電話の相手からは、よく聞き返されるんだよ」

医者にかかったのは花粉症と歯の治療くらいというほど健康だが、「万が一、八五歳を雇って何かあったら会社の方が責任問われるって言うんだよね」と言う。働いて稼げなくなったので、家賃の安いアパートに引っ越した。

## ■「働きたい」のか、「働かざるを得ない」のか

高齢警備員の取材を通して、人生の終盤にさしかかっても働き続けている人、いや、働

かなくては生きていけない人が、いまの日本には大勢いるという現実が見えてきた。

　厚生労働省によると、二〇一九年度にハローワークで新たに登録した六五歳以上の求職者は約五九万人に上り、一〇年前（二〇〇九年度）の約三二万人の一・九倍近くにまでになった。また、労働政策研究・研修機構の調査（二〇一五年発表）では、「六〇代が働いた最も主要な理由」は「経済上の理由」が最も多く、約五八・八％を占めた。

　こうなると、二〇一九年に世間を騒がせた「老後二〇〇〇万円問題」も、別の意味を帯びてくる。騒動の元は、「収入を年金のみに頼る六五歳以上の無職世帯のモデルケースでは、二〇～三〇年間の生活費として約二〇〇〇万円の老後資金が必要になる」という金融庁の金融審議会がまとめた報告書であり、中年世代以下を中心に、「老後のためにそんな大金が必要なのか」という不安をかき立てた。だが、そもそも貯蓄も年金もほとんどなく、働き続けることでしか生活の糧《かて》を得られない高齢者が増え続けているのである。年金を受給できる人ですら生活費が足りないのが現実ならば、程度の差はあれど、多くの高齢者が経済的に不安を抱えながら生きざるを得ないという風景が見えてくる。

　本来、喜ぶべきことであるはずの長寿化が不安をもたらし、人生最大のリスクとなる。

そんな社会に私たちは生きている。二〇一九年の国民生活基礎調査によると、全世帯五一七八・五万（二〇一九年、総務省統計局）中、年収三〇〇万円未満の世帯が全体の三分の一を占めている。二〇一九年度の内閣府の世論調査では、「日頃の生活で悩みや不安を感じている」と回答した人に理由を聞いたところ、「老後の設計」を挙げた人が五六・七％（複数回答）で最も多かった。

そんな中、安倍首相は在任中、「一億総活躍」というスローガンを掲げ、高齢者らの就労を促《うなが》す方向に舵《かじ》を切った。

「六五歳を超えて働きたい。八割の方がそう願っておられます」

二〇一九年一〇月四日に召集された臨時国会の所信表明演説で安倍首相は、こう語った。

「（高齢者の）豊富な経験や知恵は、日本社会の大きな財産です。意欲ある高齢者の皆さんに七〇歳までの就業機会を確保します」とも。

この総理の発言にネットはざわついた。「働かなきゃ食えないんだよ！」「大半の人は『働きたい』じゃなくて、『働かざるを得ない』ですよね」という反発が書き込まれた。

内閣府によると、この「八割」という数字は二〇一四年度の「高齢者の日常生活に関する意識調査」をもとにしたものだ。ただし、これは仕事をしている人に分母を限定した数字で、回答者全体では約五五％だ。

自分の意思として働きたいのか、生活のために働かざるを得ないのか。多くの人が感じる老後不安は、派手なスローガンで覆《おお》い隠すには、あまりに大きすぎる。

## 「新しい生活困難層」が出現した

なぜ、いま「働かなくては生きていけない」高齢者が増えているのだろうか。昭和の頃は「国民総中流」と言われ、社会主義国並みに平等な社会を実現したとも形容された日本で、なぜ、これほど多くの高齢者がリタイアできずに、勤労し続けることを余儀なくされているのか。

そんな疑問を胸に、福祉政策を専門とする中央大学法学部教授の宮本太郎さんに会いに行った。厚生労働省の社会保障審議会で、生活困窮者自立支援及び生活保護部会の部会長を務めており、著書に『共生保障〈支え合い〉の戦略』（岩波新書）などがある社会保障の専門家だ。

「いま、日本では『新しい生活困難層』とでも言うべき人々が増えているのです」

宮本教授は、そう端的に説明した。

これまでの日本では、「国」「会社」「家族」という三重構造が多くの人を支えてきた、と宮本教授は説く。国が護送船団方式の行政指導や公共事業で会社を支え、会社は働き手である男性に年功賃金を払い、家族はこれで教育費や住宅ローンをまかなった。この三重構造は、働き手が定年退職を迎えたり、病気になって退職したりすると機能しなくなるため、多額の税を投入して全国民を対象にした年金や医療保険を組み込んだ。その分、生活保護などの福祉に回るお金は抑えられた。

この三重構造からこぼれ落ちる人々がじわじわと増えている。

「現在、非正規雇用の増大などで三重構造から押し出され、さりとて福祉も受給できず、はざまに落ち込む人が急増しています。低所得や老親の介護、自らの心身の問題など、多様な困難を抱えた人たちです。この『新しい生活困難層』は世代横断的に現われており、高齢者の貧困率も高くなっています」

二〇四〇年には、高齢者人口が三九〇〇万人台まで増えると推計されている。一方で、現役世代はそれまでに一七〇〇万人も減ると見られている。高齢者と減少する現役世代が数の上で接近し、高齢者一人を、働く若い世代がほぼ一人で支えるかたちになる。「肩車型」とよく形容される事態だが、それだけでは済まないかもしれない。

すでに顕在化している高齢世代の孤立や貧困を放置すれば、若い世代の負担はさらに増大し、自分の体重の何倍もの重さを持ち上げなくてはならない「重量挙げ型」となるおそれがある、と宮本教授は警告する。

そこで注目されているのが、本書のテーマである「高齢者の就労」というわけだ。安倍前首相の「一億総活躍」スローガンと高齢就労の促進も、この文脈に沿っている。この章で紹介してきた高齢警備員たちは、いわば時代の先取りをしているとも言えるだろう。

高齢者が働く。つまり、「支える側」「支えられる側」という関係を超えて、高齢者が労働というかたちで自分の能力を発揮することが、より現実的な選択肢となってもいいのではないか、と宮本教授も考えている。しかし、そこで決して忘れてはならないのが、高齢者一人一人の尊厳だという。

「生涯現役で元気に働き続けましょう、と上から号令をかけるだけでは、老いに関わるさまざまな困難を忘れた空想論になってしまいます。老後もばりばり働いてコロリと死ぬ『ピンピンコロリ』が理想だと圧力をかけるような空気はおかしいでしょう。老後を人生の付録のように考えないという意味での『老後レス』だったらいいのですが、実生活の厳しさを忘れた『人生レス』の施策は困ります」

　この章で紹介してきた、死ぬまで働こうと考えている高齢者たちも、自身の年齢や体力、病という困難にぶつかりながらも、懸命に生きている。そんな個々の人生をどう尊重し、来たるべき「老後レス時代」を迎えるか。決して、生きる意味を見失う「人生レス」に陥ることなく。

　次章から、そのヒントとなる現場を巡《めぐ》り、高齢者やその予備軍たちに話を聞いていく。

# 2章

# 会社の妖精さん

## ——働かないおじさんたち

## ■「妖精さん」は社員食堂に出現した

東京都内の居酒屋で、記者（三五）が学生時代の友人（三三）と飲んでいた時の話だ。

友人は新卒で入社したメーカーを数年前に辞めた。日本を代表する名の知れた大手企業で、給与水準も高く、福利厚生も整い、有給取得率もきわめて高い。はっきり言って「ホワイト企業」。仮に景気が大きく落ち込んで日本の多くの製造業が苦境に陥《おちい》ったとしても、きっとこの会社は最後まで生き残るだろう、という会社だ。実際、二〇二〇年度にコロナ禍で多くの企業が赤字に転落する中でも、減益ながら黒字をしっかりと確保している。そんな条件の良い会社をなぜ辞めたのか。友人はいくつかの理由を言ってから、不思議な言葉を口にした。

「会社に『朝の妖精さん』がたくさんいたことも理由の一つかな」

朝の妖精さん？　どういうこと？　というか、妖精ってそもそもなんだっけ？

辞書を引くと、「（西洋の伝説・童話などに出て来る）動植物や森・湖など自然物の精。たいていは小人の姿をしたもの。フェアリー」（『新明解国語辞典』第五版）とある。

フェアリー！　大手メーカーにフェアリー？

後日、友人が提案してくれた。「もし妖精さんのことを詳しく聞きたいなら、名付け親を紹介しましょうか」。ちょうど企業での「働き方改革」をリサーチしていたところだった。いま取材している「老後レス」にもぴったりな話だという。ぜひ、ぜひ、お願いします。

それから半月後、都内の喫茶店で「名付け親」の女性（三四）に話が聞けた。

この女性も、同じメーカーに勤務していたが、「妖精さん」に嫌気がさして退社したという。いったい妖精さんとは何だ。

女性によると、妖精さんが生息するのはこのメーカーの関東地方の拠点。運が良ければというよりも、目をこらせば身近にいる存在だった。早朝の食堂に現われ、午前九時には姿を消してしまうという。

「フレックスタイムをフル活用して朝七時前には出社し、タイムカードを切って食堂に移動。コンビニで買った朝ごはんを食べたり、スポーツ新聞を読んだりして一～二時間ほどゆったり過ごす。他の社員が出社する九時が近づくと、静かに自席に戻っていく。朝の数時間しか姿を見ることができないので、妖精さん」

そう、妖精さんとは、このメーカーに勤める「五〇代後半の働かないおじさん」だった。

## ■ただ定年を待つだけの存在

女性によると、自席に戻った妖精さんは、管理職の一歩手前で「エア残業」し、パソコン操作は「人さし指だけの一本指打法」、上司も彼らに積極的に仕事を振らないため「日中はパソコンの前でフリーズ」。この拠点にはこうした五〇代後半の男性社員が多く、「毎月のように送別会が開かれていた」。

想像とは違い、あまり好まれる存在ではないらしい。いやむしろ、疎《うと》まれている。

なぜ、こんなことが起きているのか。この女性は、「新卒一括採用と終身雇用の限界では」と分析してくれた。一見ほのぼのとした話が、なんだか急に切ない話題に、そして社会問題につながった。

彼らは一九七〇〜八〇年代に採用され、もともとは工場での組み立て作業に従事していたという。海外への工場移転やさらなる自動化、機械化で、五〇歳を過ぎてから本社の事務部門に配置転換された人も多いらしい。

「会社は解雇もできないし、他に移すポジションもない。仕事へのやる気もなく、ただ定年を待つだけ。若手はそれを見てフラストレーションがたまる」

女性はさらに続ける。

「五年すればみんないなくなると思っていたら、数年前に会社が六〇歳から六五歳へと定年の延長を決めた。ああいうおじさんたちと、これ以上一緒に過ごせないと思ったんです」

結局、この会社に一〇年近く勤めたが、「もっと若くて、スピード感のある会社に」と数年前にＩＴ企業へと転職したという。若者目線の話を聞いていて、なんだか妖精さんがかわいそうになってきた。

当事者はどんな気持ちでいるのか。妖精さんを探しにいった。

週末金曜日の夕暮れ時、妖精さんが生息するという拠点近くの焼き鳥屋でこのメーカー勤務の男性（五八）と知り合った。男性は平日ほぼ毎日、午後六時頃からこの焼き鳥屋でビールを飲んで帰る。家族は静岡県に住んでおり、単身赴任中。週末は趣味のテニスを欠かさず、よく日焼けした顔に野球帽をかぶっている。男性は「娘がまだ大学生だからもうちょっと働かないとね」とポツリ。記者が男性に「朝の妖精さん」かどうか聞くのをためらっているうちに、「今日は静岡に帰るから」と焼き鳥二本と生ビール二杯、計七九〇円を支払って、さっそうと去っていった。

## ■ここにもいた妖精さん

「妖精さん」が存在する理由が女性の言う通りなら、きっと他の会社にもいるはず。そう思って知り合いに声をかけ、いくつかの企業に取材をお願いした。ある食品メーカーの男性が匿名を条件に取材に応じてくれた。

「もちろん『妖精さん』はたくさんいます。若い人もけっこう多いですよ」

　この会社では、「妖精さん」は中高年男性に限らないらしい。いったいどんな状況なのか。

　男性によると、この会社では四〇歳を超える頃にはほぼ一律に管理職になるという。さらに出世する人もいるが、多くはそこからほとんど役職が変わらず、二〇年以上を過ごすことになる。男性が社内の雰囲気を解説してくれた。

「若くして『上がっちゃっている』状態の人もおり、年を重ねるごとに増えていく印象。管理職になれば、それなりの処遇を約束される。マジメな人が多いが、失敗せずにやり切ることが求められる結果、言われた仕事は一生懸命取り組むが、逆に言えば、言われたことしかやらない」

　この会社では、入社時に配属された部署で、「永遠に生きていく」らしい。となると、「押印《おういん》のやり方とか、上司の決裁の取り方とか、どうでもいい謎ルールが脈々と受け継がれていく。結果として、マジメに仕事しているのに生産性を大きく下げることになっている。部署内の上下関係も明確で、年次を超えた役職の逆転は少ない」。

　そうして四〇代半ばを超えると、下手《へた》に頑張って仕事がたっぷり振られたら損した気分になり、働き方にも変化が出てくる。

「サボってもクビを切られるわけではない。そういえば自分はすでに管理職で、ヒラ社員に降格されることもない。だったら、言われた範囲の仕事を失敗しないようにやっておこう。下手に動くと損だ、という発想になっているんです」

ある意味でサラリーマン人生への達観《たつかん》、悟《さと》り、いや、諦《あきら》めなのか。さらに男性が言葉を継いだ。

「そうして言われた仕事だけを失敗しないように過ごして五〇代を迎えたいま、彼らは『頑張ること』自体を忘れてしまいました。パソコンのスキルも、新しい仕事のやり方も、いまから走っても若い人には追いつけない。できないからやらないし、やらないからますますできない。リテラシーとか、そういう問題ではありません。ただの悪循環です」

そんな状態で会社の業績は大丈夫なのか。

「これまではなんとか利益が出ていました。でも、新型コロナの影響でこれからは分からない。会社の上層部も社内に活気を取り戻そうと、社外から人を採用するなど、少しずつですが取り組み始めているようです」

## ■コロナ禍の働き方と若い世代の反目《はんもく》

一連の取材を続けている中で、新型コロナウイルスの感染が拡大した。二〇二〇年春には緊急事態宣言でテレワークが一気に拡大。この未曽有《みぞう》の事態は、働き方を大きく変える引き金になった。

通訳業務を請《う》け負《お》う会社「エム・アンド・パートナーズ インターナショナル」の桃原《ももはら》則子《のりこ》社長（六二）からこんな話を聞いた。

「コロナは『優秀な通訳』の定義を変えてしまいました」

新型コロナウイルスの感染拡大後、実際に人が集まって開かれる会議や記者会見は次々に中止・延期になり、代わりにテレビ会議システムを使って通訳する仕事が増えた。そうなると、自宅を拠点に一人で通訳することになる。通訳としての能力に加え、音質の調整や通信トラブルに自力で対処できることが、通訳に期待される重要な能力・指標になったという。

「どんなに通訳としての能力が高くても、ＩＴの運用面に不安がある人に仕事は依頼しにくい。それまでの通訳は例えば、会議場の通訳ブースに座り、音声の調整などはエンジニアがやってくれていた。様変わりしました。会社としては、通訳サービス付きのウェブ会議システムの使い方をアドバイスできることが強みになる。経営にも影響を与えている」

この間、思えば、記者の取材手法もずいぶん変わった。会見やインタビューはリモートでのオンライン会議が主流となり、実際に会わずにパソコンの画面で取材することも増えた。こうしたテレワークの拡大による変化は、通訳やメディアの世界だけではないだろう。求められる必要なスキルも日々変わり始めているのかもしれない。

企業の経営者や人事担当者と話すと、「テレワークの普及で、自分で判断して仕事を進められる人とそうでない人の差が大きくなった」という声をよく聞く。本当に差は広がっているのか。人材開発が専門の立教大学教授の中原《なかはら》淳《じゅん》さんはこう語る。

「いままで出社することで存在感を示していたものの、組織に明確な貢献ができていなかった人にとっては、厳しい時代です。だんだん会議に呼ばれない人も出てきています。一方で、自分で判断して仕事を進められる人にはテレワークは追い風です。通勤の時間が省《はぶ》け、体力も温存できるので生産性は上がります。前からあった個人差を、コロナが白日《はくじつ》の下《もと》にさらしたのです」

確かに周囲には、いまのテレワークの状況を心地よく感じる人もいれば、ストレスを感じる人もいる。この違いは、世代の違いにも起因するのかもしれない。ワーク・ライフ・

バランスを重視する傾向の強い若手には、テレワークに賛成の人が少なくない。満員電車に乗らなくていいし、終業と同時にプライベートの時間に切り替えられることが理由だ。中原さんは「若手は『これを機に我が社も変わってほしい』という希望を抱いている」と指摘する。

一方で、マネジメント層（管理職）の多い中高年は、対面でのコミュニケーションを重視する人が多く、テレワークにネガティブな印象を持っている割合が高いという。対面で会えず、働きぶりが見えないと部下を管理しにくい、という事情もあるだろう。中原さんは「そういう人は、『テレワークで生産効率は下がった。コロナによる被害だ』と捉《とら》えている。希望なのか被害なのか、これがテレワークの評価を分けています」と話す。

テレワークする部下が本当に働いているのか、上司は疑心暗鬼になっているという声も聞く。姿が見えないとコミュニケーションを取りにくいのは事実だろう。

### ■テレワーク時代を生き抜くには

コロナの感染拡大がいったん落ち着きをみせた二〇二〇年夏。都内のＩＴ企業に新卒で入社した男性（二三）と会う機会があった。彼は入社してからの数カ月を振り返り、申し訳なさそうにこう話した。

「入社して、いきなり研修がオンラインでした。会社の誰にも会わないまま二カ月ほどをずっと自宅で過ごしました。同期に会えたのは七月。正直、仕事はものすごく楽なんですけど、それで給料もらっていいのかなって、ちょっとうしろめたい気持ちもあります。例年の新人は、もっと仕事ができるだろうし……」

新入社員がいきなりのテレワークでは右往左往しそうだ。

妖精さんを追う記者（三五）が就職したのは二〇一〇年。書いた原稿をどう直されたかよりも、社内外の先輩記者と喋《しゃべ》ったことの方が記憶に残っている。高校野球の取材では、「まず、スタンドで記事にしたい選手の親を探して家での様子を把握してから本人に取材しろ」とたたき込まれた。原稿を書くということよりも、社内や飲み会の場での雑談で仕事や対人関係のスキルを学んだ面が大きい気がする。そうした場を作りにくい二〇二〇年の新入社員は大変そうだ。

前出の中原さんは、テレワーク環境で困難な状況にあるのは新入社員だけではなく、部署を異動した人や中途入社した人も同様だとしたうえで、テレワーク時代を生き抜くコツをこう語る。

「まずは、自分のやっている仕事を上司や同僚に見せることです。メールやチャットで頻《ひん》繁《ぱん》に連絡することです。相手の様子が分かることが信頼の構築につながり、お互いに信頼関係があれば、働く環境は良くなります」

「もう一つは、自ら学び直すことです。いまなら基礎的なＩＴを学び直すのが良いかもしれません。自分の業務に関連する分野でも良いでしょう。会社が解雇しにくい日本の会社員は、自分で意識しないと勉強する機会が作りにくいことを自覚すべきです。例えばオンライン会議ツールを使いこなせば、生産性はぐんぐん上がります。仮に自分が使わなくても、周りの人は利用してどんどん生産性が上がっていきます。差は開いていくのです。これを機に、思い切って学び直してみてはどうでしょう」

## ■夫は「妖精さん」だった

「妖精さん」本人に話を聞きたい。そう思っていたら、「夫がかつて妖精さんだった」という都内在住で自営業の女性（五四）から取材班にメールが届いた。

女性によると、夫は出版社に勤める編集者（五七）。「木訥《ぼくとつ》でまじめな人間」だったという夫が「妖精さん」のようになってしまったのは、五一歳の頃だという。

「勤務する出版社で、ある分野を担当していたが、その分野に世間が注目し始めたところで、若手の優秀な担当者に代えられてしまった。力不足だったのかどうかさえ、会社からは説明がなかった。それで、心身のバランスを崩してしまった」

夫はその頃から「首が痛い。ひざが痛い。腰が痛い」などと体の不調を訴える機会が増え、夜中もぼーっとしている時間が多くなった。女性は心療内科に行くことをすすめたが、やんわりと拒否された。会社での仕事は減り、「もっと仕事したい気持ちと、自分は必要とされていないという気持ちのはざまにいました。会社の他の社員から見れば、きっと『妖精さん』に見えたでしょうね」。

会社を辞めようにも、高校生と大学生の子どもがいて、教育費の支払いはピークだった。それでも女性は一度、勇気を出して夫に言ったことがある。「いままで会社に尽くしてきて、それでいいんじゃない？　ちょっと休んでみたら？　嫌なら、辞めてみてもいいんじゃない？」と。でも、夫は決して会社を休まなかった。一度も。

それから数年後。夫婦でファイナンシャルプランナー（ＦＰ）を訪ねたところから、変化が起こり始めた。

「夫はもともとお金の心配をするタイプの人でした。ＦＰの方に相談に行った時に、言われたんです。『確かにお金の面で多少の不安はあるけれど、世の中の他のご家庭と比べると、とても理想的なご家族ですよ』って」

笑顔の夫がうれしくて、夫婦はこの日、二人でうな重を食べて帰宅した。

その後、夫は五五歳で会社をいったん退職。同じ会社に再雇用された。女性から見れば、「いったん退職したことで給料が下がり、業務量が少なくても良いかなと納得できたみたい」。いまでは元気に出社しているという。「帰宅時間も早くなって、掃除や洗濯をするようになった。お給料が下がったのは困るけど、それでもなんとかなる」と話す。一番の不満は、「絶対にトイレ掃除だけはやらないことですね」。

## ■悲劇の労使関係——その歴史

「朝の妖精さん」に代表される大企業の「働かないおじさん」は、いまに始まった問題ではない。また、これはおじさん個人を責める問題でもない。中高年と若者の分断の音頭を取っていると思われたら、まことに不本意だ。少し長くなるが、いつのまにか歯車が狂ってしまった悲劇の労使関係をきっちり振り返っておきたい。

一九七〇年代後半、「窓際《まどぎわ》族」なる言葉が大流行した。新聞の報道がきっかけだったとされる。会社にいてもろくな仕事がない中高年の呼び名で、オフィスの奥の方の窓際にしか居場所がないことを表わしていた。

新卒一括採用、年功型賃金、終身雇用を特徴とする「日本型雇用」が大企業に根づいたのは、一九六〇年代の高度経済成長期の頃だ。名優・森繁久彌《もりしげひさや》が主演を務めた大人気喜劇映画・社長シリーズが人気を博した。豪快でおちゃめな社長と、宴会好きの営業部長・三《み》木《き》のり平《へい》らが場を盛り上げる、行け行けどんどんの右肩上がりだった当時の日本社会の象徴だ。若い社員は雇用の安定と将来の昇給を信じて、給料が安くてもがむしゃらに働いた。急成長する会社にとっては、大量の労働力を低コストで確保できて、都合のよい仕組みだった。

　だが会社の成長ペースが鈍《にぶ》ると、たちまち課題に直面する。年功によって高給を得るようになった中高年の社員に、見合ったポストを用意できなくなるのだ。日本経済は一九七三年のオイルショックを機に安定成長期に移り、大企業で「窓際族」が目立つようになった。

　それでも経営者は彼らを追い出そうとはしなかった。トヨタ自動車や東芝《とうしば》といった日本を代表する大企業は、戦後の復興期に人員削減をめぐって労働組合と激しい対立を経験している。その苦《にが》い記憶が、経営者の脳裏に焼きついていたからだ。

　一九七〇年代には、民事裁判でも、経営上の解雇はよほどの理由がないと無効にするという判断が定着した。「大企業は雇用を守る」が社会の常識になったといえる。

　一九八〇年代後半から日本経済がバブル期に入ると、「窓際族」が話題になる機会は減っていった。大企業は仕事がなくなった中高年が出ても、事業の多角化で次々とできたグループ企業に出向させて、雇用を守ることができたからだ。

　ところが、一九九一年のバブル崩壊で状況が一変する。国内有数の企業グループでも、社員を減らしてコストを抑えないと経営が立ちゆかなくなった。多くの大企業が、退職金の上乗せなどの特典をつけて中高年社員に定年前の希望退職を呼びかけた。

そして一九九七年一一月、産業界を震撼《しんかん》させる倒産劇が起きる。都市銀行の北海道拓《たく》殖《しょく》銀行が経営破綻したのに続き、証券大手の一角を占めた山一《やまいち》證券《しょうけん》が自主廃業したのだ。

「私ら（経営陣）が悪いんです。社員は悪くございません。善良で能力のある社員に申し訳なく思っている。再就職できるよう、よろしくお願いします」

山一の野澤《のざわ》正平《しょうへい》社長（当時）は記者会見で涙ながらに訴えた。四〇代以上であれば、記憶に残っているという人も多いだろう。最後まで社員の働き口を案じるその姿が、高度成長期の日本の経営者を象徴していたからにほかならない。だが同時に、雇用の維持にこだわって経営改革が遅れれば、会社がつぶれてより多くの雇用が失われることも印象づけた。日本のたそがれ時、会社を守るには「余剰人員」削減はやむを得ない。そんな価値観が、産業界で一気に広まるきっかけにもなった。

## ■会社の中の座敷牢《ざしきろう》

新手の人減らしも広がり出した。有名なのが、一九九八年にゲーム大手のセガ・エンタープライゼスにできた「パソナルーム」だ。「人事」の英訳（パーソナル・アフェアーズ）をもじって名づけられたというその部署には、配置先が見つからなかった社員らが集められた。具体的な仕事はなく、隔離された小部屋でただ座って過ごすだけだったとされる。社員の間では「独房」「座敷牢」と呼ばれ、精神的に追いつめて自主的な退職を促《うなが》すためだという見方が広がった。会社側は「個人の能力向上や自己啓発の場」だと反論したが、配属された社員の多くが退職したと言われている。

二〇〇〇年代に入ると、技術のＩＴ化が急速に進む。それが中高年の「余剰人員」化に拍車をかけた。働き手が若い頃に身につけたスキルは、どんどん役に立たなくなる。だが大企業といえども、中高年を再教育して新しいスキルを習得させる余裕はなかった。

革新的な技術や有望な事業を自ら育てるのではなく、規制緩和でやりやすくなったＭ＆Ａ（企業合併・買収）で手に入れる経営スタイルも主流になった。会社の組織再編が活発になり、そのあおりでポストを失う中高年も少なくなかった。

政界に目を転じれば、当時は自民党の小泉純一郎《こいずみじゅんいちろう》政権が「構造改革」を掲げて国民の喝采《かつさい》をあびていた。競争を重んじる新自由主義的な政策が進められ、自己責任を問う風潮も強まった。会社に「余剰人員」扱いされるのは、本人が努力を怠《おこた》ったせいだ——そんな見方が浸透し、大企業の人減らしはタブー視されなくなった。

希望退職の募集では、人員削減の目標数を達成しようと、特定の社員にねらいを定めて応募を呼びかける例も目立った。拒《こば》まれても再び応募を促し、退職を決心させるまでせまり続ける。しつこく応募をせまれば違法な「退職強要」になり得るのに、そんな違法まがいの人減らしに大企業も手を染めていた。

二〇〇八年のリーマン・ショック、二〇一一年の東日本大震災後の円高不況を経《へ》ると、人減らしの手法はさらに巧妙になった。その集大成と言われる部署が、二〇一二年にパナソニックグループにできた「事業・人材強化センター」、通称「追い出し部屋」だ。希望退職を拒んだ社員らが配属され、おもに多忙な他部署への応援を命じられた。事務職の経験しかない人でも、工場で製品の作動チェックや梱包《こんぽう》をさせられる。これまでの仕事で培《つちか》ったスキルはほとんど生かせず、心が折れた社員らが次々と退職していったとされる。

「自ら辞めると言い出すよう仕向けるやり方だ」と見る社員も少なくなかった。

　同じような部署は、ほかの大企業にもつくられていた。キャリアデザイン推進部（ソニー）、プロジェクト支援センター（ＮＥＣ子会社）、マーケット開拓担当（ノエビア）、業務支援センター（東芝）、キャリア開発課（コナミ子会社）……。社員に社外の働き口を自ら探すよう命じているところもあった。会社側が「退職に追い込む意図はない」と主張するのも共通していた。

　なぜ、働く人を家族や仲間と見ない、冷たい雇用システムがこれほどまでに広がったのか。それは再就職支援を掲げる人材サービス会社が、ウラで動いていたからだ。「余剰人員」向けに社外の働き口を探すだけでなく、中高年に社外での活躍を呼びかける研修も請け負っていた。米国で実績のある外資系人材サービス会社が日本に持ち込んだビジネスで、リクルートやパソナといった国内の大手も追随し、転職へといざなうノウハウを練《ね》り上げていった。

## ■「黒字リストラ」が始まった

だが、追い出される側だって黙ってはいない。これらの部署に配属された社員らが次々と裁判を起こし、「人事権の乱用で違法だ」として会社側が敗訴するケースも出てきた。二〇一三年からは景気の回復も進み、大企業で追い出し部屋的な部署を廃止するところも相次いだ。

こうして人減らしの波はいったん収まったが、長続きはしなかった。日本の株式市場で急速に存在感を高めた海外投資家は、売り上げよりも利益を重視する傾向がある。大企業はどこも利益に敏感になり、コストを切り詰めるようになった。会社を成長させる自信のない経営者が再び人減らしに走るのは、時間の問題だった。

二〇一九年、米中対立の激化で世界経済の先行きが不透明になると、大きな波が白いしぶきを上げて押し寄せてきた。東京商工リサーチによると、この年に上場企業が募《つの》った希望退職者の合計は六年ぶりに一万人を超えた。将来を見据《みす》えて好業績のうちに人減らしをする「黒字リストラ」も目立った。

「ローパフォーマーというか、やる気のない人には早期に会社を去ってもらう方が、その

「追い出し部屋」に配属されたとして提訴した東芝子会社の社員
（2020年3月9日の会見）

人にとってもよいはずだ」

二〇一九年一月、日本経団連の中西宏明《なかにしひろあき》会長（日立製作所会長）は講演後の質疑応答でこう語った。中西氏は同年五月の記者会見でも「終身雇用を前提にすることが限界になっている」「だめになりそうな事業を雇用の維持のために残すことは、雇用されている人にとって一番不幸だ」と述べている。日本の経営者の価値観も変わった。山一の野澤社長のような社員の再就職を心配して涙を流す人間味ある姿は、もう見られそうにない。

二〇二〇年からのコロナ禍で、多くの大企業が深刻な経営難に見舞われている。急速に広がったリモートワークは、社員一人一人の仕事の範囲をはっきりさせ、給料の割に仕事の少ない中高年の存在をあらためて浮き彫りにしている。「窓際族」の出現から四〇年あまり。いまや「妖精さん」とも呼ばれるようになった「働かないおじさん」の置かれた状況は、かつてないほど厳しい。

見過ごせないのは、この間に増え続けた非正規雇用の存在だ。いまや雇われて働く人の四割弱を占め、その多くが女性だ。正社員に移るハードルは依然として高い。その一因を「日本型雇用」に求める論調も勢いを増し、有力な大企業が終身雇用や年功型賃金の見直しを次々と表明している。同じ会社にいながら、正社員というだけで非正規より好待遇なのはおかしい、というわけだ。だがこれは、「日本型雇用」で採用されて勤め続けてきた中高年からすれば、会社側の裏切り以外の何ものでもない。中高年と若者との分断に加えて、水が低きに流れる非正規雇用という沼があることで、人手不足なのに賃金も雇用条件も上向かない。

会社内が正規と非正規に分断され、労働組合の組織力も弱まった。個々の労働者の孤立という動きもあいまって、雇用の防波堤としての労組の役割は薄れてきている。

こうした中で、コロナ禍を理由に中高年を対象にした希望退職の募集が急増している。応じるか否《いな》かを決める権利は社員側にあり、応じずに定年までの勤務を望む中高年にふさわしい仕事を用意するのは、会社側の責務だ。希望退職への応募をしつこくせまる行為や、応募を拒んだ社員らを集めた「追い出し部屋」の設置は、違法の疑いがあるだけではなく、働き手の心に深い傷も残す。バブル崩壊後は中高年の心の病や自死も相次いだ。社会を傷つける同じ過《あやま》ちをくり返してはならない。

## ■妖精さんが生まれる理由

若い頃は安い給料で働かされ、中高年になれば「働かない。高い給料をもらっているのに」と批判される——。これには日本型雇用の構造的な問題が隠れている。「働かないおじさん」はなぜ存在するのか。あらためて人材開発が専門の立教大学教授の中原淳さんに聞いた。

——働かないおじさんは、なぜ存在するのでしょうか。

「これはおじさん個人の問題ではなく、日本社会の問題です。この問題は、単なる世代間の対立ではなく、日本の人事制度、労働政策、少子高齢化、教育・子育て、社会保障などとつながっています。単純な話ではありません。いわゆる日本型雇用がどうなっているのか、概念図にすると分かりやすいです。縦軸に生産性と賃金、横軸を年齢とします。新卒一括採用の終身雇用では、若い頃は賃金が安く、年齢とともに賃金が上がっていきます。一方で、生産性は賃金よりも早く上がり、高齢になると頭打ちになります。右上の生産性よりも賃金が高くなっている状態が、『働かないおじさん』のゾーンです」

――なぜ働かないのですか。

「働いていないわけではありません。賃金に見合う生産性が上げられていない、と言う方が正確です。おじさんにしてみれば、もう将来は見えているわけです。頑張っても、部長になることはないだろう。かといって転職すれば、おそらく給料は下がる。なぜなら転職市場では生産性と賃金がおおむね一致するから。だから、組織の中に『ホステージ（とらわれている）状態』になって、しがみついてしまうのです。

　こういう状態は製造業の大企業に多いのですが、これまで専門的な仕事をしてきた分、市場の構造が変化したら自分のスキルでは対応できなくなった。このまま逃げ切りたいと

## 「日本型雇用」のモデル図

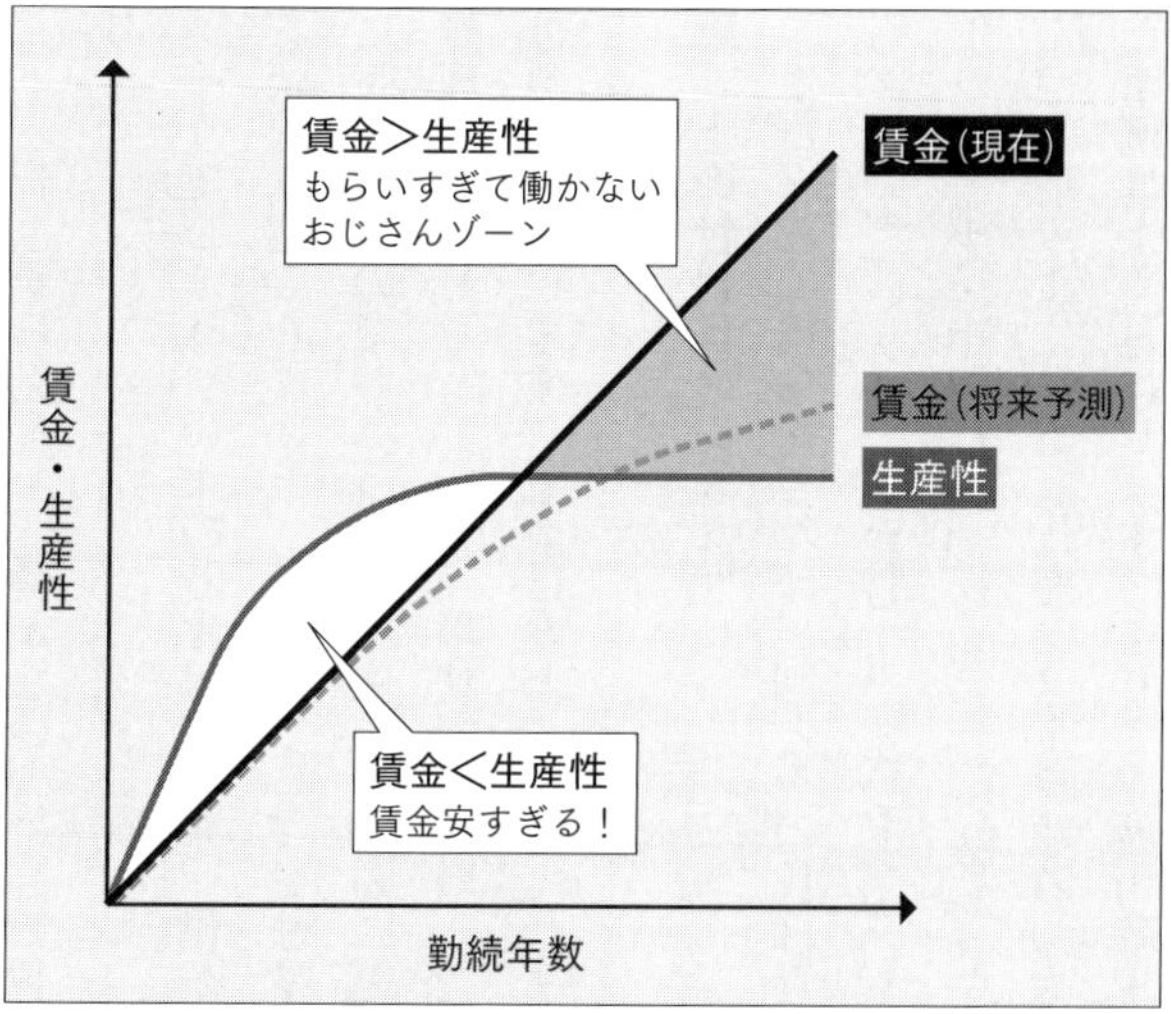


いう意識が働くのは自然です。子どもの教育費やマイホームの費用など、この年代はお金もかかります。それに、若い頃は賃金よりも生産性が高かったわけです。その頃の分を取り戻している、と自分を納得させることもできます。もちろん、『働かないおじさん』は、おじさんだけではありません。長期雇用を守るために起こる『生産性と賃金が見合わない状況』なので、年代や性別を問わず誰にでも起こり得ます。でも、大きな会社で正社員として働く人の年齢構成を見れば、労働者のボリュームゾーンとしてはやっぱり五〇代の男性が多い。だからどうしても目立ってしまうのです」

——若手から見ると、働かないのに高い賃金をもらっていて、腹立たしい気持ちも分かります。

「そうでしょう。いまの若手は、将来、働かないおじさんのような賃金と生産性が逆転する状況は起こらないと、薄々気づいています。だからこそ、いま存在する世代間の不平等に腹が立つのでしょう。若手も、できることなら終身雇用を望んでいます。でも、たぶん無理だろうと考えている。現状では転職した人の数は少し増えた程度ですが、転職希望者は急増しています。意識は変わってきています」

## ■「上の世代はいいよな」

「また、三〇代を過ぎれば、割と五〇代は近い存在です。例えば会社が希望退職を募ったら？　『あぁ、うちの会社は五〇代をそういうふうに扱うのか』と感じるわけです。リストラは若手・中堅にとってもショックなことなのです。このままこの会社にいていいのか、と悩みます。五〇代をリストラするつもりの施策が、三〇～四〇代の退職につながった事例はよく耳にします。そして、雇用政策への不信感も大きい。日本にはつい二〇～三

○年ほど前にバブル崩壊や就職氷河期があり、非正規社員を激増させてきました。端的に言うと、若年層の雇用を犠牲にして、上の世代の既得権益を守ってきたのです。若い世代はこうした日本の歩みをよく見ています。『上の世代はいいよな』という不満が鬱積《うっせき》しています」

――年金問題を考えれば、長く働くことは一つの解決策になりますか。

「国は、高齢化に対応するため、企業に対して希望する人を七○歳まで雇わせようとしています。しかし、そのための人件費を国は出しません。とはいえ、企業も株主の手前、全体の人件費は上げられない。結果、賃金カーブを見直し、下方修正するはずです。ただちに狙い撃ちされるのは、生産性と賃金が見合っていない働かないおじさんでしょう。会社が適切な仕事を与えるべきだ、との意見も分かりますが、そもそも人に仕事を用意するのではなく、仕事に対して人を用意す

立教大学教授の中原淳さん。
人材開発が専門

るのが健全な状態です。スキルを磨《みが》いて気持ちよく働ければみんな幸せです」

——この問題はいつまで続くのでしょうか。

「もしいま、働かないおじさんが五〇代前半なら、逃げ切れると思わない方が良いでしょう。この状況はあと一〇年も続かないと思います。すでに企業は賃金カーブを下げ始めています。私の考えでは、みんなが一緒なのは三〇代半ばあたりまで。その後は上がる人、そのままの人、下がる人などバラバラになる複線型になると思います。いまは横軸に年齢をとっていますが、これが変わる可能性が高い。つまり、年齢に応じた賃金カーブが描けなくなる社会が生まれます。欧米には、すでに年齢に応じた賃金カーブという発想がありません。優秀な人材を確保するためにある程度の待遇を保つ必要があります。一部の企業が優秀なプログラマーを高給で雇う流れがあります。こういう流れがもっと広がるのではないでしょうか」

——いま、すでにホステージ状態の人は、どうすれば良いでしょうか。

「自分の能力形成やキャリアを他人任せにしないことです。賃金は下がるけどやりたい仕事に転職することも選択肢でしょうし、パソコンが使えないなら学べばいいんです。問題は、自分で考えて、自分の人生を自己決定することです。そうした姿勢が五〇代だけでなく、若い世代にも望まれます。いまの大学生でもそうですが、成績や親の意向で大学や学部を選び、そのまま同級生と同じような会社の就職試験を受け、会社という社会で懸命に生きていまに至る、という人は多いです。自分の人生を自己決定することに慣れていないのです。でも、時代は変わっています」

「もっと多様な働き方ができるように、人事や労働政策、子育て制度を整えることはもちろん重要です。どうお金を稼ぐかをしっかり学べる教育も必要でしょう。年金など社会保障制度の改革も急がれます。昭和の高度成長を支えた働き方制度は限界を迎えつつあります。この問題が、将来の日本をどうするかを考える出発点になればと思います」

**【記者コラム】会社がまず、やるべきこと**

二〇二〇年一一月。化学最大手、三菱《みつびし》ケミカルホールディングスの決算発表会見があった。記者の関心は、決算と同時に発表された中核子会社、三菱ケミカルの希望退職の募集に集まった。

「キャリアチェンジ・サポート・プログラム」と名付けられたその施策《しさく》は、五〇歳以上でなおかつ勤続一〇年以上の管理職で、定年後に再雇用された人を合わせて二九〇〇人が対象となった。募集人数は定めず、最大で五〇カ月分の賃金を上乗せするというものだった。

オンラインで記者会見した同社幹部は、募集の理由をいわゆる「ジョブ型」の人事制度を管理職で始めたことに伴うもので、「活力の高い会社にしたい」としたうえで、こう述べた。

「五〇歳過ぎの方が年功序列でつけると思っていたのに、(ポストを)若手にとられていく。じくじたる思いをする人をサポートする」「主体的に自分のキャリアを決めてほしい。ご賛同いただけない方には転身を支援する」「入社した時はそうじゃなかった、という人のミスマッチを金銭的に解決する」。

最大で五〇カ月の賃金上乗せは、大手企業だからできる施策だろう。もともと転職を考えていた人にとっては、良い機会かもしれない。だが、もっと従業員に対してできることがあるのではないか、安易に希望退職の募集という判断を下しているのではないか、という思いを強く抱いた。ポストを若手にとられる。入社した時に思い描いていた状況と現実が違う。そうした悩み、戸惑いを覚える中高年の従業員がいることを把握しているなら、まず、適切なポストを与えることに全力を注《そそ》ぐべきではないのか。増えたとはいえ、特に中高年の転職市場が大きくないこの国で、心晴れやかに「キャリアチェンジ」するのは簡単ではない。

「妖精さん」の問題は、まずは会社や社会の問題だ。仕事へのやる気をなくす人、この章で紹介した出版社に勤める男性のようにやる気と仕事とのはざまで苦しむ人、さまざまな「妖精さん」がいるだろう。いずれも、なりたくてなっているわけではない。個人だけでなく、会社や社会こそがまず、解決に向けて動いてほしい。

一方で、若手の目線に立てば、「早くどうにかしてくれ」という気持ちも分かる。「妖精さん」の記事について、記者の元には社内外を問わず、数十通もの賛同するメールが届いた。右肩上がり成長の時代は終わり、限られたパイの奪い合いが起きている会社も多い。「老後レス」を前に不安は募る。年功序列型の待遇を前提にすれば、不公平感はどうしても高まるだろう。世代間の対立を煽《あお》る気は毛頭《もうとう》ないが、すでに多くの大企業では、世代間で利害が対立せざるを得ない状況にある。こうした若手の不満をいち早く解消することも、企業や社会に求められている。

朝日新聞経済部記者　真海喬生《しんかいたかお》

# 3章

# ロスジェネたちの受難

## ——私たちは、のたれ死に？

## ■失われた世代《ロストジェネレーション》

この章では、老後レス社会の「主役」となるであろう世代について取り上げたい。これまでみてきたように、働く現役世代がやせ細り、高齢者の急激な増加によって、高齢になっても働き続けなければ日本がもたない。そんな時代がすぐそこまで来ている。その時、高齢層の中核を占めているのは、序章でも触れたように、団塊《だんかい》ジュニア世代である。

国立社会保障・人口問題研究所の中位推計（出生率や死亡率の仮定を中間的な数値にする推計）によると、日本において六五歳以上の人口がピークを迎えるのはいまから約二〇年後の二〇四二年で、高齢者の数は三九三五万人まで膨《ふく》れあがる。同時に高齢化率も高まり、二〇三六年には三人に一人、二〇六五年には二・六人に一人が六五歳以上となる。

そんな時代に高齢者デビューするのが、主に団塊世代の子どもとして一九七一年から七四年に生をうけた第二次ベビーブーマー、いわゆる団塊ジュニア世代なのだ。現在は四〇代後半にあたるが、生産年齢人口のうちで最大の人口ボリュームを持ち、世代全体の人口は八〇〇万人近くにも上る。

この世代を特徴づけるのは、人口規模が大きいことに加えて、バブル崩壊後の深刻な景

## 日本の人口と年齢構成の推移

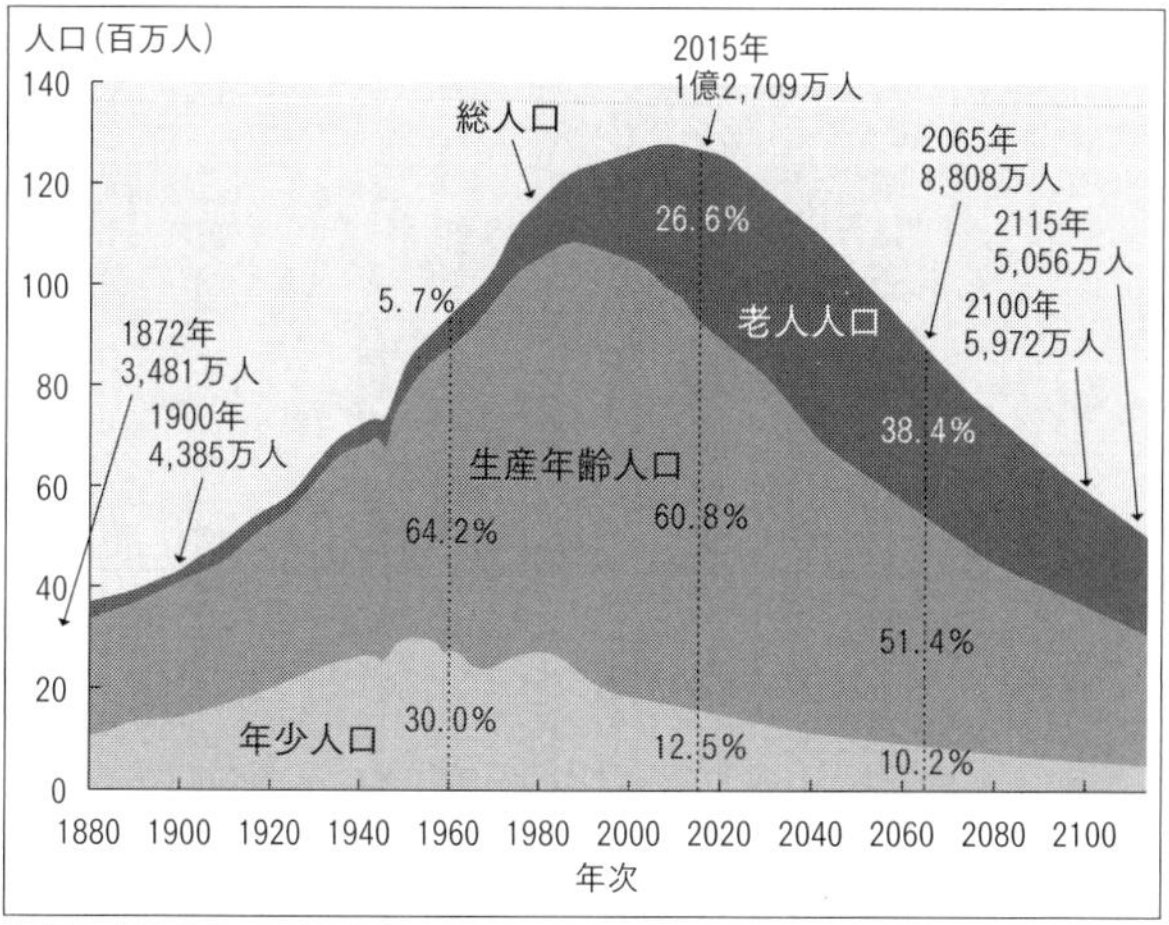


資料：内閣統計局、総務省統計局、国立社会保障・人口問題研究所の公表値などから

気低迷期に社会に出ることになった、という歴史的背景だ。一九九〇年代後半から二〇〇〇年代前半、業績が低迷し、過剰な社員を抱えた企業の多くが採ったのは、社員のリストラではなく、新卒者の採用を極端に絞り込むという方策だった。この戦後最悪の「就職氷河期」と、大学や専門学校、高校を卒業するタイミングが重なったのが、一九七〇年前半から八〇年代前半にかけて生まれた人たちであり、団塊ジュニア世代をまるまる含んでいる。

「氷河期世代」と言われることが多いが、朝日新聞が二〇〇七年の連載企画のタイトルとした「ロストジェネレーション」（ロスジェネ）と呼ばれることも少なくない。希望の職業に就《つ》けずに不安定雇用に陥《おちい》った人が他世代よりも格段に多い「ロスト＝失われた」世代。この呼び名は当の世代の自意識に近いようで、ロスジェネと自称している人も多い。

二〇〇〇万人規模ともいわれるロスジェネは、いまや三〇代後半から四〇代となっているが、いまだ少なくない人々が不安定雇用にとどまり、低賃金にあえぎ、親と同居し、家族を持てず、将来展望に不安を抱いている。メディアでは「アラフォー・クライシス」や「中年フリーター」といった新たな呼び名もついた。

このロスジェネは、前章で紹介した「妖精さん」と対極に位置する存在とも言える。企業内で居場所を失いながらも安定した収入が保障されている妖精さんたちと比べて、希望通りの職に就けず、低収入で、社会での居場所すら見つけられない人が、ロスジェネには多いのだから。

## ■正規雇用までのつなぎのつもりが

この世代も、あと二〇年ほどで高齢期を迎えることになる。いま、彼ら、彼女らはどんな思いで年を重ねているのだろうか。取材で出会った男性について紹介したい。

二〇年近くにわたって同じ職場で非正規労働を続けてきた四一歳の男性が、関東地方の国立大学を卒業したのは、大卒の就職率が六割を切っていた二〇〇一年のことだった。第一次小泉政権が発足し、米国で同時多発テロが起きた年である。

卒業後にどんな仕事をしたいのか、自分でもはっきりと決めることができず、就職活動では三、四社しか受けなかったため、採用の内定は得られなかった。当時は一〇〇社以上にエントリーして全敗したという学生も多かったと言われた。男性が通っていた大学でも、卒業時に就職が決まっていた人の方が少なかった。

大学を卒業してから、とりあえずの生活費のため、短期バイトをはさんで法人向け小売業のパート勤務を始めた。情報機器の仕入れや販売の仕事は経験したことはなかったが、仕事に必要なスキルはすべて自分で覚え、習熟していった。ほかのアルバイトやパート従業員の多くはすぐに辞めるため、彼がいないと仕事が回らない時期もあった。あくまで正規雇用までの「つなぎ」のつもりだったが、そのまま何年も続けることになった。

「いま思えば安直《あんちょく》だったんですが、仕事があるだけましと考えてしまった。働き始めた当初は時給九〇〇円、給与は手取りで月に一五万円ほどでした。収入は最低限度でも、仕事は安定して続けられたので、自分の中で危機感が足りなかったと思います」

　仕事を始めてしばらくすると、働きぶりを評価した店長が時給を上げてくれた。そのため、繁忙《はんぼう》期には残業が続いて、手取りで月二五万円を超すこともあった。だが、その店長が異動してしまうと、今度は一〇年近く同じ時給で据え置かれた。昇給は上司のさじ加減一つで、スキルや経験が賃金にまったく反映されていないと彼は感じた。

「アルバイトなのに、自分しかできない仕事が増えてきた。正規の人は現場を知らないので、臨機応変な接客ができないんです。いつでも辞められると考えていたのですが、仕事のために求職活動の時間が割《さ》けなかった。次第に自分より年下の正社員が増え、いまは店長も年下です。それでも、経験の少ない正社員の顔を立てるようにしています」

　顧客の事情に合わせて商品の発注を調整し、希望の納期に間に合わせるには、経験と気配りが必要だ。通常ならば正社員がやるような内容で、やりがいも感じていた。「えっ、社員じゃなくてアルバイトだったんですか」と取引先に驚かれることも増えた。

だが、そんな貢献が評価されるどころか、上層部の方針により、男性は残業を禁止され、手取り給与は一六万円に届けばいい程度になった。アルバイト労働に依存しているのに、その待遇を改善するどころか、人を「コスト」としてしか見ていないようだと男性は思う。

「顧客から信頼されているのは私なのに、問題意識を持って仕事の提案をすると、上司は批判と受けとる。低賃金や待遇の悪さもつらいですが、仕事を評価してもらえない方が精神的なダメージが大きい。人間として否定されているように感じます」

## ■責めを負うべきなのは誰か

一八年もの間、何もしていなかったわけではない。チャンスがあれば正社員の座を得たいとも考えていたし、転職活動もしていた。だが、そこに「新卒」の壁が立ちはだかる。履歴書の経歴欄には「アルバイト」としか書けず、まるで社会経験がまったくないかのように扱われる。他社の採用面接を受けると、「なぜ新卒で就職しなかったのか」と問われる。髪には、白髪が目立ち始めた。いまも、七〇代の親と実家で同居している。

「親に甘えているという一言に尽きます。四〇歳が一つのラインだと思いますが、それを過ぎてしまった。人生の半分近く、何もしてこなかったと評価されているかのようです。こんな身分では、結婚も考えられない。いまのままでは、老後は不安しかありません」

ロストジェネレーション。自分たちは「損をした世代」だと男性は思っている。それでも、たびたび彼の口から漏れるのは、後悔と自責の念である。

「何もやってこなかったわけではありませんが、結果的にアルバイトを続けてしまったのは自業自得だと思います。就活で何百社も回ったような人と比べて、自分はやはり努力が足りなかったんです」

「大学時代にやりたいことが見つからず、決めるべき時に決められなかった。自分が悪いところがあり、すべてを就職氷河期のせいにはできないと思っています」

都合の悪い部分も包み隠さずに明かす実直な話しぶりで、これまで仕事にも誠実に取り組んできたのだろう。話を聞いていると、本人が言うほど「自己責任」を負うべき状況だとは思えなかった。

## ■溶けない氷河

ロスジェネもいまや、社会の屋台骨《やたいぼね》として活躍する年頃だが、この男性のように少なからぬ人が非正規雇用や低賃金にあえいでいる。いまも「ロスト＝失われた」という名が当てはまってしまう。それが、この世代の現実なのである。

社会に出た年のわずかな違いが、その後の人生に回復しがたい格差をもたらす。それは統計調査でも明らかになっている。

厚生労働省の賃金構造基本統計調査で二〇一〇年と二〇一五年の給与額を比較すると、大学・大学院卒の三五歳から三九歳と、四〇歳から四四歳で大きく減少している。ロスジェネ世代は、五歳年上の人たちが同じ頃に得ていたよりも、少ない賃金しかもらえていないことになる。この分析をした連合総研の調査では、賃金以外でも新卒時の職の継続度、二〇代での能力開発経験、さらには幸福感まで、ロスジェネ世代は低い評価だった。正規、非正規を問わず、この世代は「損をしている」ことが明らかだ。

調査をまとめた東京大学教授の玄田《げんだ》有史《ゆうじ》さんは言う。「これは、いわば『溶けない氷河』であり、この世代は中高年になっても厳しい現実を突きつけられている。氷河期世代を救うためには、いま、やれることは何でもやらなければいけない。五〇歳から再チャレンジと言われても遅すぎる」

シンクタンクの日本総研の調査もまた、ロスジェネ世代の苦境を詳細に浮かび上がらせている。男性では非正規雇用や、無業で求職もしていない非労働力人口の割合が年長世代よりも高く、これは中高年引きこもりの増加と関連していると見られる。

このロスジェネ問題は、当事者たちだけの問題だけでは決してない。いまこの世代に注目が集まるのは、巨大な人口の塊《かたまり》を不安定な状況に置いたことで、日本社会全体がボディーブローのようにダメージを受けているからだ。

表面化した問題の一つは経済への悪影響である。子どもの教育費や自宅購入などで消費が旺盛なはずの四〇代になっても、団塊ジュニアは上の世代と比べて支出額が低く、これが経済成長の足かせとなっている。親と同居して「パラサイト・シングル」と呼ばれた人々も中年期を迎え、親たちは高齢者となった。中高年の引きこもりだけではなく、七〇代の親と四〇代の子の「七〇四〇問題」など、社会問題化している現象の多くがロスジェネと関連しているのは、序章でも触れた通りだ。

人口動態への負の影響はさらに深刻だ。団塊の世代（第一次ベビーブーム）と、その子にあたる団塊ジュニア（第二次ベビーブーム）に引き続く、戦後三度目の出生数の膨《ふく》らみ、つまり第三次ベビーブームは生じなかった。少子化の原因は多岐《たき》にわたるものの、非正規雇用と低賃金という重しが、ロスジェネから次世代を育む力をそいだのは間違いない。前述したように、この世代が高齢化する二〇～三〇年後、日本の人口曲線は上部が膨らんだ「棺《ひつぎ》形」になる。単身で高齢化したロスジェネたちを支える現役世代はやせ細り、介護や医療を支える人手が絶対的に不足する。加えて、これからも不安定雇用が続けば、老後に生活保護を受ける人が急増するだろう。

これは日本社会の持続可能性を損《そこ》なう時限装置である。「自力で暮らせない高齢者が多く生まれ、現役世代が支えられなくなる。高齢貧民街ができかねない」と、パラサイト・シングルの命名者である中央大学教授（家族社会学）の山田《やまだ》昌弘《まさひろ》さんは、最悪の事態すら予想している。

「潜在していた問題に、やっとみんなが気づき始めた。親と同居して結婚しないまま、将来が見えない生活をしている『中年パラサイト・シングル』が現在、大勢いる。先が見えず、『死ぬしかない』とコメントする人すらいる。親が経済的に支えているので社会問題になっていないが、海外だと暴動が起きるような問題だ。いずれ、親が子どもを支えられなくなる時期が来る。一〇～二〇年後、親が死んだ時に問題がいっきに顕在化するでしょう」

## ■不安定な雇用の先頭走者

なぜ、この世代は落とし穴から抜け出せないのか。二つの理由がある。

まず挙げられるのが、前にも触れた非正規雇用の拡大だ。バブル崩壊後の規制緩和で派遣労働の対象職種が広げられ、正規、非正規という身分制度のような分断が労働市場に生まれた。雇用の不安定化は、その後の世代にも及んでおり、ロスジェネはその先頭走者となった。

そして最大の原因は、日本独特の雇用慣行である。新卒時の一括採用、年功序列、終身雇用は、戦後の高度成長を支えてきた。まっさらの若者を会社が丸抱えして職業教育を施《ほどこ》し、労働力を確保する。右肩上がりの時代には一定の効用があっただろう。

だが、バブル崩壊後の長期不況で、この雇用システムは矛盾を露《あら》わにする。年長世代の雇用を守ろうとする日本企業の多くは、世代間のバランスを顧《かえり》みずに新規採用を絞り込んだ。その後に景気回復しても、新卒の採用が優先され、この世代は見捨てられた。いわば、「妖精さん」を守るために正社員から弾き出されたのが、ロスジェネたちだとも言える。いまになって経済界は新卒一括採用や終身雇用の廃止を唱え始めているが、中年になったロスジェネを救済するには、もはや平時の雇用改革では遅すぎる。

危機的な状況に、政府もようやく重い腰を上げた。安倍政権（当時）は、経済財政諮問会議の提案をもとに、二〇一九年の「経済財政運営と改革の基本方針（骨太《ほねぶと》の方針）」に就職氷河期世代への支援策を盛り込んだ。今後三年間で正規雇用を三〇万人増やす目標を定め、支援プログラムを設けるという。同会議は同年、民間議員の提言で、ロスジェネを『人生再設計第一世代』と名付けたが、「上から目線だ」「こんな状況に誰が追い込んだのか」などとネット上で批判と憤慨《ふんがい》が集まるという一幕もあった。

いままで二〇年近く、この世代を放置し、人生を再設計しなければならない状況に追い込んだ政府が、わずか三年で対策を打つことができるとは思えない。「もう手遅れだ」と言う悲鳴のような声は、この世代からも漏れる。このまま、高齢期に突入したら、ロスジェネたちはいったいどうなるのか。

## ■それは「自己責任」なのか

不安定雇用に悩むロスジェネ世代の人たちが時折、こんな言葉を口にするのを聞き、胸を突かれる。

「すべて自分のせいです」「自業自得です」

先述の男性もそうだった。他世代よりも不利な環境に置かれ、努力したくてもできなかったり、努力しても報《むく》われなかったりしたあげく、二〇年近く不安定な雇用を続けてきた人々すら、「自己責任」という呪文《じゅもん》のような言葉によってがんじがらめになっている。

この世代が社会に出た頃、いわゆる「イラク日本人人質事件」が発生した。二〇〇四年四月、イラク中部ファルージャ近郊で、ボランティア活動家やジャーナリストら日本人三人が武装勢力に拘束された事件だ。三人は解放されて帰国した後、バッシングにさらされ、自己責任という言葉が飛び交った。格差と競争社会の色に染まり始めた日本社会で、その頃を境にして、結果はすべて個人が負うべきだという意識が拡散した。

　その猛烈な逆風を正面から受けたのがロスジェネだった。「甘えている、おびえて立ちすくんでいる、などと言われ、若者側の問題で安定した仕事に就けないという考えが主流でした。そのため、若年労働市場の根本的な改革は放置された」と、東京大学教授（教育社会学）の本田《ほんだ》由紀《ゆき》さんは振り返る。

「一九九〇年代は、団塊の世代が企業の年功序列の上層部にいました。さらにバブル期には、新卒を過剰に採用した。ロスジェネが社会に出た時、これら二つの上の世代が重しのようにどっかりと存在していた。所属を過剰に重視する日本社会は、正社員が企業にメンバーとして全面的に参加する独特の雇用システムを持っており、バブル後の不況期に入って新卒の正社員採用を絞り、代わりに非正規雇用をどっと増やした。どのタイミングで新卒就職するかによって明暗がはっきりと分かれてしまう。これは社会と政治の責任でしょう」

同じ頃、グローバル化経済によるコスト引き下げ競争にさらされた先進各国の多くは、主に移民労働力を受け入れて人件費を削《けず》った。日本でその役割を担ったのが、非正規労働者だった。その意味で、この世代は時代の犠牲者である。人生の半分近い年月を置き去りにされ、自分は世の中に認められていない、という感覚を持つ人も多い。

## ■主役は女性たち

ここで指摘しておかねばならないのは、就職氷河期の氷雪に正面からさらされ、非正規労働者の急増という社会変動に巻き込まれた「主役」は、男性というより、女性たちだったということだ。働き盛りの健康な男性で非正規雇用が増えているというインパクトは大きく、メディアでとりわけ注目されたのは「非正規男性社員」の方だったが、それ以前から女性の非正規化は大規模に進んでいた。

大卒の就職率が六割を下回った二〇〇〇年頃には、同じ一流大学出身でも男子学生より女子学生が特に厳しい就職活動を余儀なくされた。内々に「女子は採用ゼロ」という方針だった会社もあったと言われ、男子学生が早々と内定を決めていく中、数十社にエントリーしながらも勤め先が決まらずに、非正規雇用を選ばざるを得なかった女子学生は少なくなかった。

総務省による二〇一八年の労働力調査によると、雇用者のうちの非正規労働者の割合は、男性が二二%なのに対し、女性は五六%に上《のぼ》っている。結婚退職後に再び働き出す主婦や高齢女性のパート労働も含まれているとはいえ、男性の二倍以上の割合の女性が非正規労働を担っていることはもっと注目されてしかるべきだろう。大学卒業以来、非正規労働を長年続けているというような男性も増えているものの、派遣や契約、パートタイム労働に就《つ》いている勤労者の大多数は、やはり女性なのだ。

老後の生活資金は足りるのだろうか――。三〇～四〇代のシングル非正規女性たちはいま、そんな将来不安を抱えている。派遣や契約社員などの立場ではいつ雇い止めに遭《あ》うか分からず、老後を支える年金や貯蓄、家族の支えも脆弱《ぜいじゃく》だ。超高齢化社会の主役となる女性たちの足元に「老後レス」の不安が忍び寄る。

## ■「ロスジェネ手当」をください

ロスジェネ世代に属し、四〇代になったいまも非正規雇用を続けている四三歳の大卒女性に出会ったのは、二〇一九年の秋のことだった。

彼女は、声を振り絞るようにこう語った。

「子ども手当のように、『ロスジェネ手当』を出してほしい。時代が悪かった、というだけで見捨てられるのはごめんです」

女性の第一印象は、「プロフェッショナル」という言葉にふさわしいものだった。仕事の都合で約束した待ち合わせ時間にわずかに遅れることを事前に電話で断わり、顔を合わせてからもきわめて丁重《ていちょう》な言葉遣いでわびた。スーツ姿も振る舞いも隙《すき》がなく、職業人として完璧なビジネスマナーを身につけている女性だった。

一流企業で中間管理職に就いていると聞かされてもまったく違和感はない。しかし、現実には、この女性は都内の会社で契約社員をしている。仕事は多忙を極め、寸暇《すんか》を惜しんで仕事をこなし、昼食以外は席を外すこともできない。

「昭和のＯＬ」のように、給湯《きゅうとう》室でおしゃべりしながら、ゆっくりお茶をするなんてあり得ない。それだけ根《こん》を詰めて働いても、現在の年収は二八〇万円ほどで、一〇年前と比べ、時給は五〇円しか上がっていないという。

この年の九月、台風の関東直撃で首都の鉄道が麻痺した日には、自宅から四時間半かけて出勤した。「どんなに休みたくても、同僚のみんなが行くなら行かないといけません。時給制ですし、休めば仕事も滞《とどこお》り、次の日に全部やらないといけませんから」

## 転職のたびに労働条件は悪化

なぜ、いまのような生活を送ることになったのか。女性の話から、この二〇年間を振り返ってみる。

大企業に勤める父と、社内結婚で退職して専業主婦となった母、そして子二人という昭和の「標準家族」に育った。私立の高校から中堅私立大学に進学し、就職活動をしたのが、就職氷河期まっただ中の一九九九年だった。一〇〇社以上の企業に資料請求のはがきを送ったが、面接まで進んだのは二割ほどで、それもすべて不採用だったという。

そんな中、父の知人の紹介で一部上場企業のグループ会社に採用が決まり、社会人生活が始まった。だが、そこは、女性社員に補佐的な仕事だけを割り当てるような職場だった。朝、会社に着いたら、机を拭《ふ》くのも、新聞ラックを整えるのも女性の仕事とされていた。女性社員は一般職として入社し、お茶くみやコピーを命じられ、二〇代で男性社員と結婚して、寿《ことぶき》退社をする。そんな昭和の企業文化をそのまま引き継いだような会社で、パソコンによる仕事の改善を自主的に提案しても、男性上司たちから拒絶された。

　この会社では、自分を生かすことはできない。職業人としての能力をもっと高めたいと考え、三年半で辞職を決意した。『若者はなぜ三年で辞めるのか？』（城繁幸《じょうしげゆき》著、光文社新書）がベストセラーになる数年前のことだ。

「いま思えば、同じ企業に長く勤めていた方が、チャンスをつかめていたのかもしれないのですが……」

　それからは、派遣や契約社員を中心に転職を重ねることになる。新卒一括採用がデフォルトの日本の企業風土で中途採用の労働市場は小さく、勤め先が変わるたびに待遇や労働条件は良くなるどころか、逆に悪くなっていった。

　ワンマンオーナーの企業に勤めた時もあったが、そこはいまで言うブラック職場に近かった。二時間以下は残業と見なされず、有給休暇も使えないことになっていた。

　企業グループの人事や経理などの間接部門を切り分け、コスト削減のためにアウトソーシングした関連会社、いわゆる「シェアードサービス」の職場でも働いた。一流企業の本社からリストラのように転籍してきた社員が多く、社内はすさんだ雰囲気だった。仕事量が多い割に、社員の数が少ない。終電近くに帰宅し、自宅では寝るだけの生活が続いた。親類の不幸で忌引《きびき》休暇を取っただけで責められることもあった。

「土日も出勤し、長時間労働で考える力がなくなり、判断力が鈍《にぶ》っていくんです。雇ってもらえるだけでありがたいという気持ちになっていく」

　それでも、自分を高めたいという思いを忘れられず、仕事の合間に勉強をして簿記やパソコン、ＴＯＥＩＣ《トーイック》、さらに社会保険労務士の資格まで取った。だが、年齢と実務経験不足を理由に、正社員登用まで至らなかった。いくつかの企業では、正社員も疲弊しきっており、うつ病になった人もいた。ある職場で上司だった四〇代のシングル女性は言った。

「ここにいると、自分のように仕事に追い詰められてしまう。自分はもう諦めたが、結婚や出産を考えるなら辞めた方がいい」

失われた二〇年と言われて久しいが、日本企業がこの二〇年に実行してきたさまざまなコスト削減やリストラの現場を、女性は転々とたどってきたかのようだった。働いた職場の多くでは、事務職を切って非正規社員に置き換え、会社の一部門を別会社化して人件費を削り、長時間労働を強いていた。

そんな職場には決まって、ロスジェネ世代で非正規雇用の女性たちが大勢いたという。高学歴で能力が高いにもかかわらず、給与は低く、いつでも雇い止めされる不安におびえている。これほど、都合のいい労働力はないだろう。

## ■安心な老後なんて、想像できない

企業の論理で安価な労働力とされている女性たちにも、その後の人生はある。非正規シングル女性たちの経済基盤はもろく、家族や貯蓄、年金などのセーフティーネットも手に入りにくい。国立社会保障・人口問題研究所の推計では、二〇一五年に四・五%だった女性高齢者（六五歳以上）の未婚率は、二〇四〇年には九・九%まで大幅に上昇する。いまのままでは、年金や貯蓄などが十分ではない高齢女性が激増する恐れがある。

記者が会った女性も老後に不安を抱いており、ある時、六五歳以降に支給される年金を日本年金機構のウェブサイトで試算してみたという。いまの時点では月額六万円程度、今後も同様に働いたとして、一〇万円もらえるかどうかという結果だった。最近、女性は老後の生活資金のため、「つみたてＮＩＳＡ《ニーサ》」（少額投資非課税制度）を始めた。

「老後を年金だけで暮らすのは不可能です。できるだけ長く働き続けるしかありませんが、体力も落ちるでしょう。親世代は頑張れば報われると信じられたけれど、私も友人たちも努力がまるで報われない時代に生きている」

安心できる老後がまったく想像できない。そんな「老後レス時代」への不安が、先述の言葉につながる。

「ロスジェネ手当が欲しい」と。

「子ども手当や幼保無償化は、私たちのような子どもがいない人には無縁で、税金を取られるだけです。派遣で働いていると、産休や育休の穴を埋める仕事が多いんです。小泉進《しん》次郎《じろう》環境相が育休を取るとか取らないとか言っていますが、『持っていない側』の気持ちも理解してほしい」

## ■私たちは使い捨てではない

いま、この女性が望むのは、高収入ではないとしても、雇い止めの不安のない安定した職だ。ロスジェネ世代を年齢で切ることなく、まだまだチャンスを与えてほしい。

安倍政権による支援呼びかけに呼応して、自治体や省庁が氷河期世代を対象とした中途採用を始めた時は、条件の合う募集にいくつか挑《いど》んだ。公務員試験の予備校にまで通って臨《のぞ》んだが、結局、採用には至らなかった。

試験は新卒のものとまったく同じで、連立方程式や力学計算なども出題され、倍率は数百倍に達していた。試験会場には、自分のようなスーツを着た女性たちと、ラフな格好をした男性たちが目立った。

「私たちの世代は人数が多いので競争が激しく、ずっと受験や就活を頑張ってきました。常に何かと闘わないといけないことばかりで、心と体が休まる時がない。それなのに収入は低く、身体は酷使され、下の世代にも馬鹿にされる。努力の結果がこうなのかと思うと、精神的に参ってきます。同世代で非正規の女性では、無理を重ねて体調を崩し、仕事を辞めざるを得ない人もいます」と女性は続けた。

「他の人がリストラや雇い止めされるのを目《ま》の当たりにしても、できない人が切られるのは当たり前、という考え方が社会全体にしみ込んでいるように思います。最後は国や社会が守るべきだと私は思いますが、逆に多くの人たちは、落ちこぼれた人たちをみんなで救う必要があるのか、という発想になっているのではないかと感じます。政府は、本当に解決する気はあるのでしょうか」

そこまで一気に話して、女性はつぶやいた。

「私たちは、使い捨ての駒ではないんです」

## ■コロナ禍で見捨てられた未婚・非正規

二〇二〇年春からのコロナ禍は、こんなロスジェネ世代の非正規女性たちに、さらに過酷な状況をもたらした。

女性の職場でも緊急事態宣言が出た頃から在宅勤務が始まった。業務はすべてオンラインになったが、技術を習得するための研修はまったくなかった。契約社員は即戦力を求められるため、できません、とは言えない。在宅では気軽に同僚に相談することもできず、すべて自己責任でやるしかない。

二〇代で情報処理の資格を取得していた女性は、コンピューターの操作には習熟していたものの、非正規雇用が続いてスキルを磨く機会がほとんどなかったため、マニュアルを見てリモートワーク技術を独学した。隣の職場では、システムについていけなかった非正規の四〇代が辞めたと聞いた。コロナ禍の日本で、未婚、非正規の女性がいかに見捨てられた存在か、この女性は強く実感している。

コロナ禍により、女性たちが精神的に追い込まれていることを示《し》唆《さ》するデータがある。二〇二〇年の自殺者は夏頃から対前年比で増え始めた。一〇月の自殺者数は二一五三人に達し、男性は前年同月比で二一・三%増の一三〇二人、女性は前年同月比で八二・六%も増えて八五一人に上った。新型コロナ感染拡大で非正規雇用の雇い止めも増えており、その多くが女性だと考えられる。

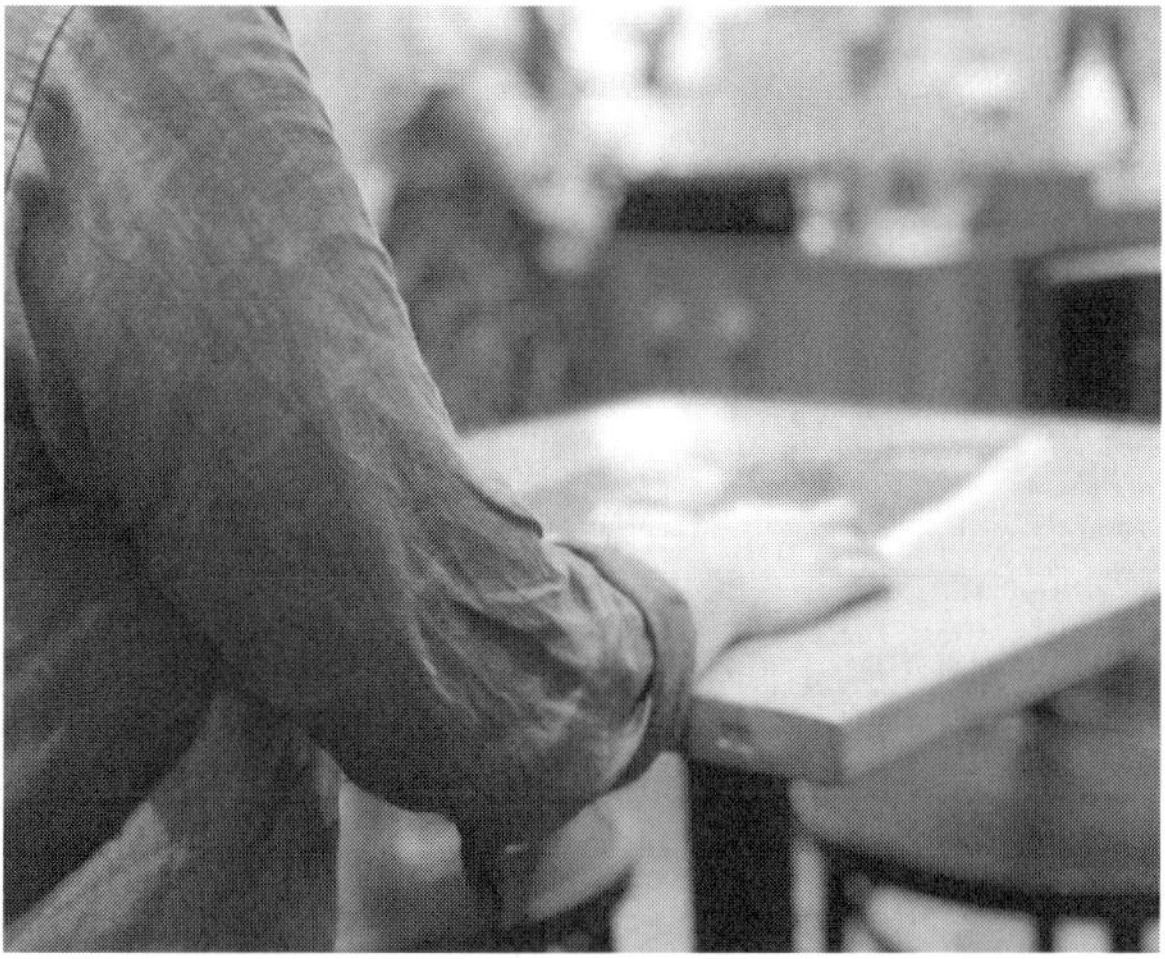

「ふと、将来のことを思うと怖い」。そう語るナオさん

## ■若い世代にも広がる不安

若い頃のつまずきが、人生後半の不安へと直結する。必死になって現在の生活を立て直しても、老後の暮らしを想像するだけで、怖くてたまらない。そんな若い女性たちがいま、増えている。

暗黒の二〇代だった、とナオさん（三五）は振り返る。大学に進学後、周囲の友人たちと関係をうまく築けなかったことが始まりだった。通学に一時間以上かかったこともあり、半年経たずに学校へ行けなくなった。

時給九〇〇円ほどでハンバーガーショップや居酒屋で未明までアルバイトをした。

手に職をつけたいと考え、働きながら医療事務の職業訓練校に通ったが、両立できずに体調を崩した。

一日中、家にいて部屋から出られず、音楽を聴いたり、本を読んだりして何年も過ごした。母子家庭で長女だったこともあり、働かないことを家族からも責められた。

実家から離れ、生活保護を受けて、徐々に立ち直りのきっかけをつかむことができた。いまは福祉事業所での商品販売など、非常勤の仕事を掛け持ちしている。低賃金ながら一定の収入もあり、生活保護から抜けることができた。だが、数十年先の老後のことを思うと怖くてたまらなくなる。仕事のための資格を取りたくても、現在の収入だと学費を捻出するのは難しい。

「月収は一二万円から一五万円ほどで、貯蓄はほとんどできません。自分が高齢になってできる仕事は、清掃ぐらいしか思いつかない。老後に二千万円必要だというけれど、私はどうなるんでしょう。生活保護に戻るしかないんですか。それとも、のたれ死に？」

生活保護を受けていた時は、就活のためのスーツや新しいパソコンを買うこともできなかった。ずっと申し訳ない気持ちで、医者にかかるのも肩身が狭い思いをしていた。ネットで生活保護バッシングの書き込みを見るたびにへこんだ。

問題を解決していくために、ハードルを一つ一つクリアしていかなければならないのに、その方法が分からない。年を重ねることへの不安ばかりが募る。

「自己責任だと言うけれど、努力したくてもできなかった人は私以外にもたくさんいると思います。一本のレールから外れるとずっと落ちこぼれ人生を生きていくしかないのでしょうか」

ナオさんが再び、働き始めたきっかけとなったのは、横浜市の公益財団法人「男女共同参画推進協会」が主催する「ガールズ講座」に通ったことだった。働きづらさ、生きづらさに悩み、仕事についていない一五歳から三九歳のシングル女性を対象に、安心感、自己肯定感を培って就業につなげる。

この講座を始めた一〇年前よりも、女性たちは追い詰められていると同協会男女共同参画センター横浜南の小園《こぞの》弥生《やよい》館長（五八）は語る。

「女性は家計を支える働き手ではない、という亡霊のような古い考えがいまだに残っています。婚活と就活のはざまに落ち込んで、親が老いたら介護を押しつけられ、本人の将来はいつも後回しになる。

昭和の日本では、女性たちの多くが専業主婦として家庭に入り、夫が稼ぎ手となった。平成以降、家族観が多様化して非婚も増えたにもかかわらず、シングル女性たちを支える仕組みは不十分なままだ。以前は家計の補助的な収入だったパート労働などの非正規雇用に就く女性が多く、職の安定や十分な賃金を望めない。

## ■社会から「想定されていない」人たち

非正規雇用のシングル女性を対象に同協会などが実施したウェブアンケートでは、約八三%が「老後の生活」に不安を感じていると回答した。

「退職金もボーナスもない。将来生きていくのであれば生活保護しかない。安楽死施設を開設してほしい」（三五歳）

「老後、年金だけでは施設に入ることも不可能。自分は孤独死するだろう」（四四歳）

「パートナー不在の老後を想像すると、自分の健康や仕事に何かあった際、ひとりで解決

していけるか不安」（三五歳）

調査を担当した同協会の白藤《しらふじ》香織《かおり》さん（五〇）は、多くの女性たちの声を聞き、こう考えている。

「非正規シングルの女性たちは家族もおらず、マイホームもない。いつまで働き続けられるのか、老後にどれだけの貯金が必要なのか、先行きが見えない。自分たちの存在は誰からも見えていないと孤立感を深めている。彼女たちは、社会から『想定されていない』人たちなのです」

## ■「失われた」よりも「奪われた」世代

貧困に落ち込む未婚・非正規の女性たちの代弁者として、その窮状を訴え続けている作家・活動家の雨宮《あまみや》処凛《かりん》さんにも話を聞いた。一九七五年生まれのロスジェネ世代だ。

「私たちは、多くの職種で派遣労働が認められた派遣法の改正を一番にくらった世代です。バブルが崩壊し、みんな腰掛けのつもりで非正規を選んだだけなのに、人間力が足りないとか、本人がだらしないので就職できないとか。モラトリアムや夢追い型フリーター

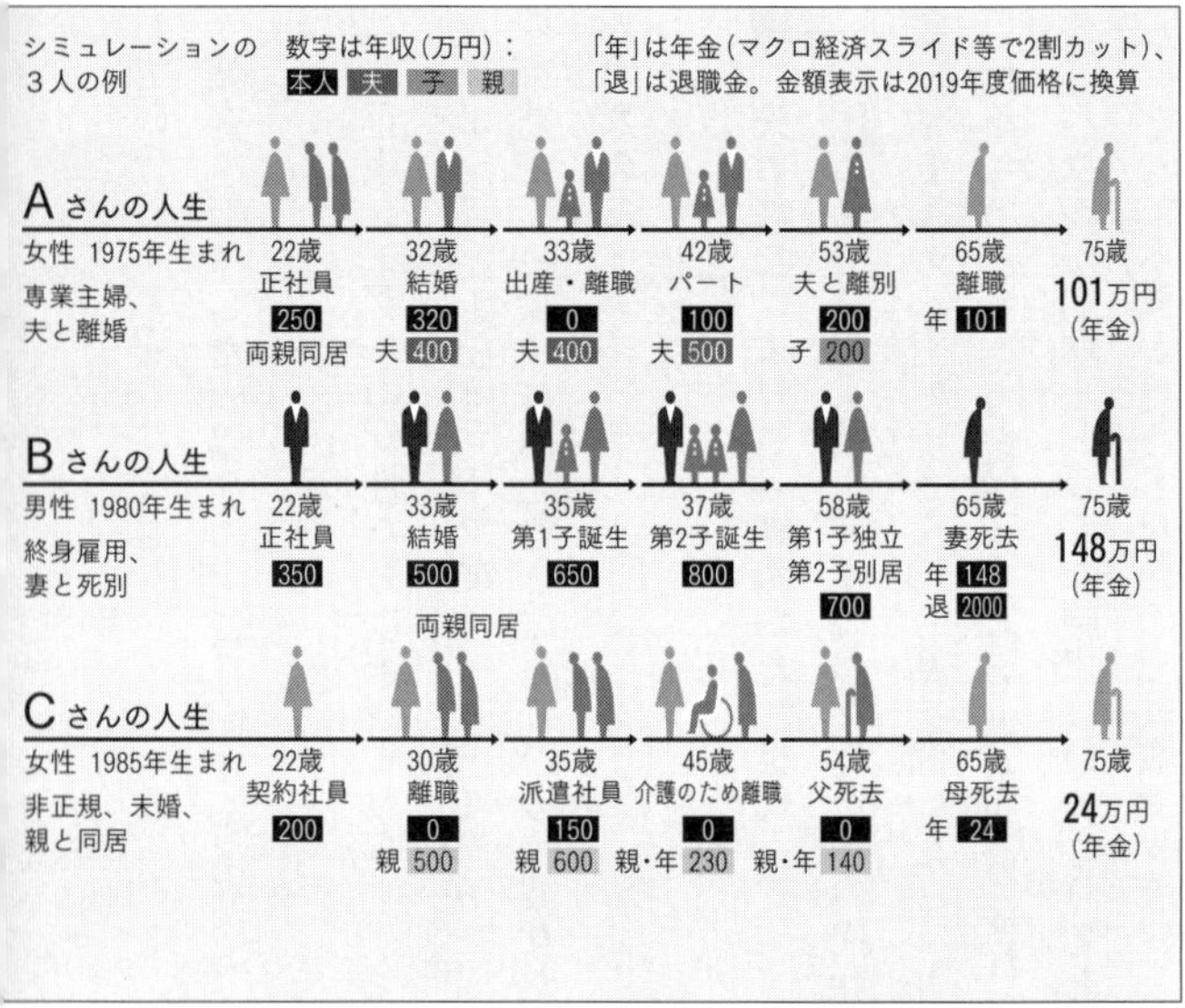


だと言われて、深刻な雇用問題だと気づかれなかった」

その意味で、「ロスジェネと言われて逆にうれしかった」と雨宮さんは言う。自分たちの責任じゃないことがようやく理解されたと感じたから。この自分の苦しさは、自分だけの問題ではないんだと気づくことができたから。

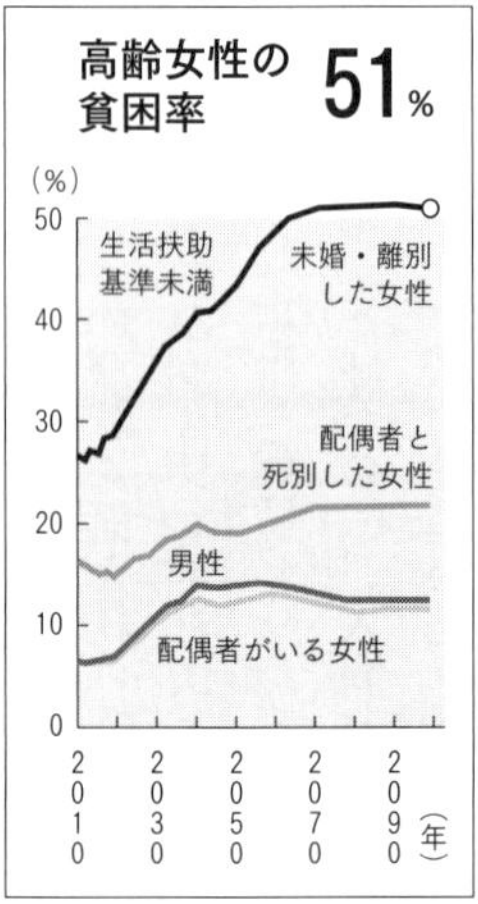

## マイクロシミュレーションで見えた日本人の「老後」

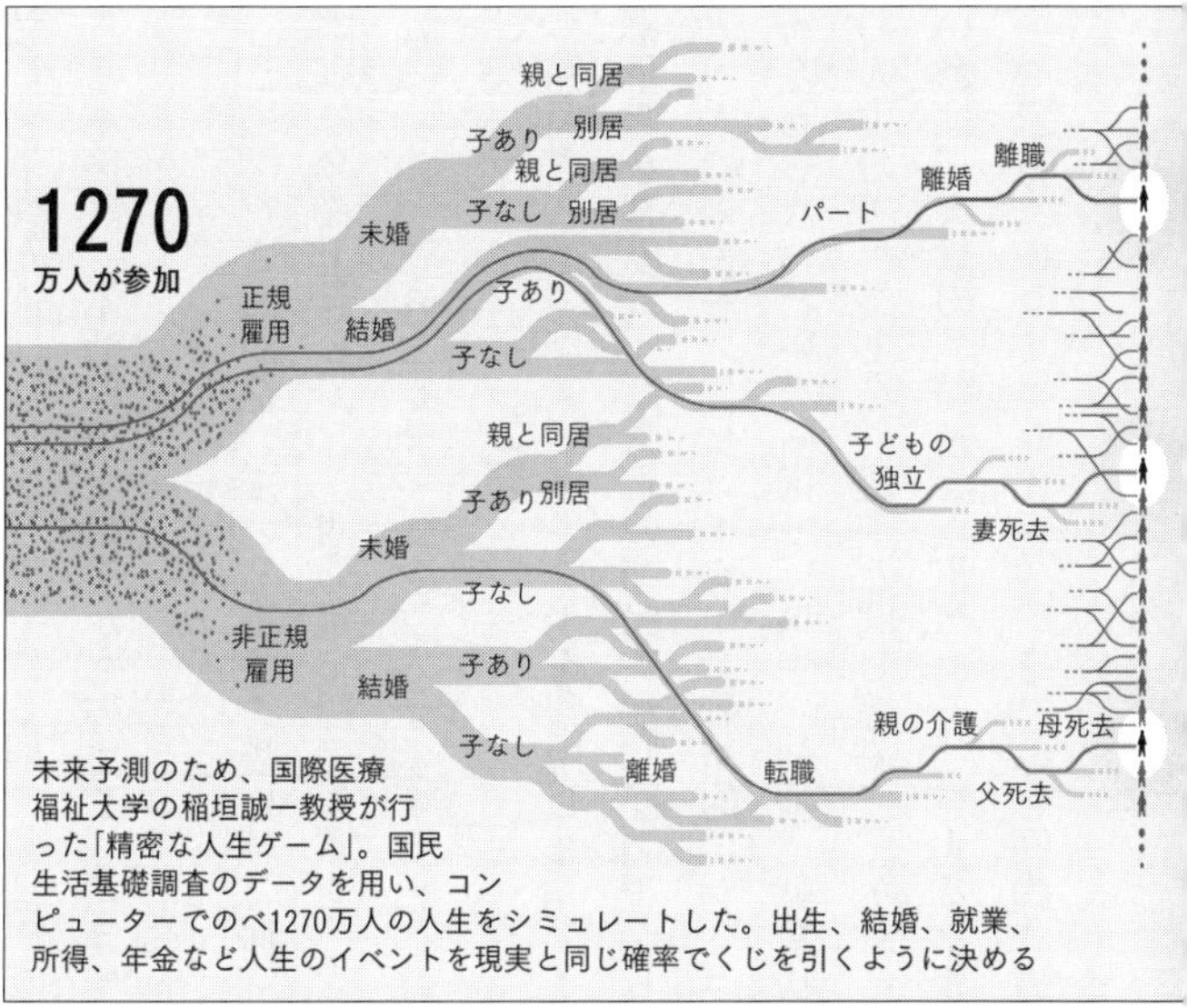


未来予測のため、国際医療福祉大学の稲垣誠一教授が行った「精密な人生ゲーム」。国民生活基礎調査のデータを用い、コンピューターでのべ1270万人の人生をシミュレートした。出生、結婚、就業、所得、年金など人生のイベントを現実と同じ確率でくじを引くように決める

「でも、『失われた世代』というより、『奪われた世代』という感覚があります。結婚、就職、子育て、家など親世代が持っているものをすべて持っていない。三〇代までは若者問題だと言えたけれど、いまや中年問題になってしまった。昭和の日本は不安定雇用の女性たちも結婚することで家族に吸収されていたけれど、一人で生きなければいけない女性が増えている」

単身非正規の女性は社会から無視されている、と雨宮さんも思う。

「高齢者やシングルマザーは助けの手が差し伸べられることがあるけれど、

私たち単身女性は社会から見えにくい。昔はいなかった層だから。この世代の二〇年後、三〇年後は、生活保護受給者がものすごく増えていると思います」

この雨宮さんが抱いている実感を裏付ける研究がある。未婚・離別の単身高齢女性の貧困率は今後上昇し、二〇四〇年で四〇％、二〇六〇年には過半数が生活保護受給レベルになる――。そんなショッキングな予測をしたのは、前出の国際医療福祉大学教授の稲垣誠一さんだ。

稲垣さんは、コンピューターを利用した「マイクロシミュレーション」という手法で未来予測を試みた。厚労省の国民生活基礎調査から一二万人のデータを匿名で取り出し、一人一人の未来をコンピューターで確率的にシミュレーションする。現行の制度も人の行動も変わらないという前提で、出生、結婚、就業状態、所得、年金、親との別居、介護などの人生のイベントを、現実と同じ確率で、それぞれランダムにくじを引くように決める。いわば、大量の「精密な人生ゲーム」をするようなものだという。

一二万人のシミュレーションを一〇〇回繰り返すことで、のべ約一二〇〇万人以上の人生を予測でき、誤差はほぼなくなる。将来における個人や世帯単位での所得分布も出すことが可能で、さらに年金制度を改革した場合の効果や、非正規雇用が減った場合の出生率の変化などもシミュレートできる。欧州などでは、政策のコストと効果を予測、分析するために使われている。

## 日本社会への復讐

このマイクロシミュレーションで、将来的に高齢者の貧困率が上がっていくことが判明したため、どんな人たちが、どのような問題を抱えることになるのかを稲垣さんはさらに調べた。現役時代に非正規雇用や無業が長く、両親と同居していた人たち、いわゆる「パラサイト・シングル」が貧困化するのだろうと予想していたが、特に未婚・離別の女性の多くが困難な老後を迎えることが分かり、衝撃を受けたという。

「親と同居している女性は、現在は社会的な存在感が希薄ですが、親と死別後に経済的に困窮し、一挙に顕在化する。また、結婚を機に仕事を辞めた女性は、離婚すると非正規で働く人が多くなる。そういう人たちは老後、国民年金か無年金になります」

単身男性の場合はそもそも正社員の割合が高く、氷河期世代でも非正規雇用の男性は、女性と比較するとボリュームが小さい。単身・非正規の男性も経済的に困難を抱えるのは間違いないが、数としては少ない上、平均寿命を考えると女性よりも六〜七年早く他界するため、女性の貧困の方が社会へのインパクトははるかに大きいという。

「長寿に加えて、今後も未婚・離別の女性は増え続けると予想されており、二〇五〇年には高齢女性の三割近く、約五八三万人にもなります。貯蓄が少ないと八〇代、九〇代までもたないでしょう。これだけ絶対数が多いと、生活保護では対応できなくなる」

高齢になっても働き続けなければならない女性たちが大量に生まれる近未来の日本。まるで、彼女らを低賃金で使ってきた日本社会への「復讐」のように思える。

# 4章

# 定年前転職の決断

## ——妖精さんとは呼ばせない

## ■カイシャに留《とど》まるのが最善か

定年制は、新卒一括採用とあわせて「日本型雇用」を形づくる大きな特徴の一つと言われてきた。役所勤めや企業の正社員なら、老後の始まりのタイミングを「定年」と位置づける人が多いだろう。

企業が定年制を採用する場合は、その年齢を就業規則に明記することになっている。定年の年齢は、日本人の平均寿命が延びたことで、年金の支給年齢もつられて引き上げられ、後ずれしてきた。

戦後から一九八〇年代頃までは、企業の定年は五五歳が一般的だった。一九五〇年代に本格的な連載が始まった漫画「サザエさん」に登場する磯野波平さんの年齢は五四歳で、定年直前という設定になっている。だが、一九九四年に高年齢者雇用安定法が改正され、定年を六〇歳未満にすることが禁じられた。続いて二〇一三年からは、六五歳までの雇用を確保するため、定年を引き上げるか、いったん退職してもらったのちに契約社員などとして再び雇うか、定年そのものを廃止するか、いずれかの措置をとることが企業に義務づけられた。

政府は二〇二〇年にも「一億総活躍」のかけ声のもとで、今度は七〇歳まで雇用を広げるためにまた法を改正したのは序章で述べた通りだ。企業がとれる措置の選択肢には、定年を七〇歳まで延ばすほか、フリーランスになった退職者に仕事を発注するといった新たな項目も加わり、二〇二一年四月から「努力義務」とすることにした。これまでも、まずは「努力義務」として、やがて「義務」にするパターンを繰り返しているため、将来的には七〇歳までの雇用確保が企業の義務となる可能性はある。

総務省の統計によると、六五歳以上の就業者数は二〇〇八年からの一〇年間で五五三万人から八六二万人（二〇一八年）に増えた。この間、六五歳以上の就業率も一九・七%から二四・三%に上昇した。年金への将来不安を考えれば、長く働けることに越したことはない。それを後押しするために政府が躍起になるのも、うなずける面はある。

だが、定年が先に延びれば、「老後」に到達するまで働く時間も延びることになる。このままいまのカイシャに居続けることが自身にとって最善の選択肢か、あるいは別の選択肢があるのか、早めに考えておくことも大切になるだろう。これからの高齢者の働き方について、2章でも紹介した立教大学教授（人材開発論）の中原淳さんは話す。

「あなたはどういう働き方がしたいのか、が問われています。いつまで、どのように働き、いくら（給料が）欲しいのかを、自分なりに考えることです。会社に残ることも選択肢だし、賃金は下がるけどやりたい仕事に転職することも選択肢でしょう。自分で自分の将来を決断する勇気が必要だと思います」

若手に疎《うと》まれ、「妖精さん」などと呼ばれるぐらいなら、いっそのこと定年前にカイシャを飛び出し、新しい生き方に挑もう。そう考える人が増えてもおかしくない。「自分のスキル」を信じ、あるいは信じ切れなくても勇気をふるってその可能性にかけ、早めの決断で次の一歩を進み出した中高年たちのケースを紹介したい。

### ■中高年に絞った採用をする企業

コロナ禍で経済活動は滞《とどこお》った。立ち直るのにも時間がかかりそうだと考え、人件費を削るために早期退職募集を始める企業が増えている。ターゲットにされているのはだいたい中高年だ。

だが、追い出すどころか、中高年に絞った中途採用をしている会社が大阪にある。機械

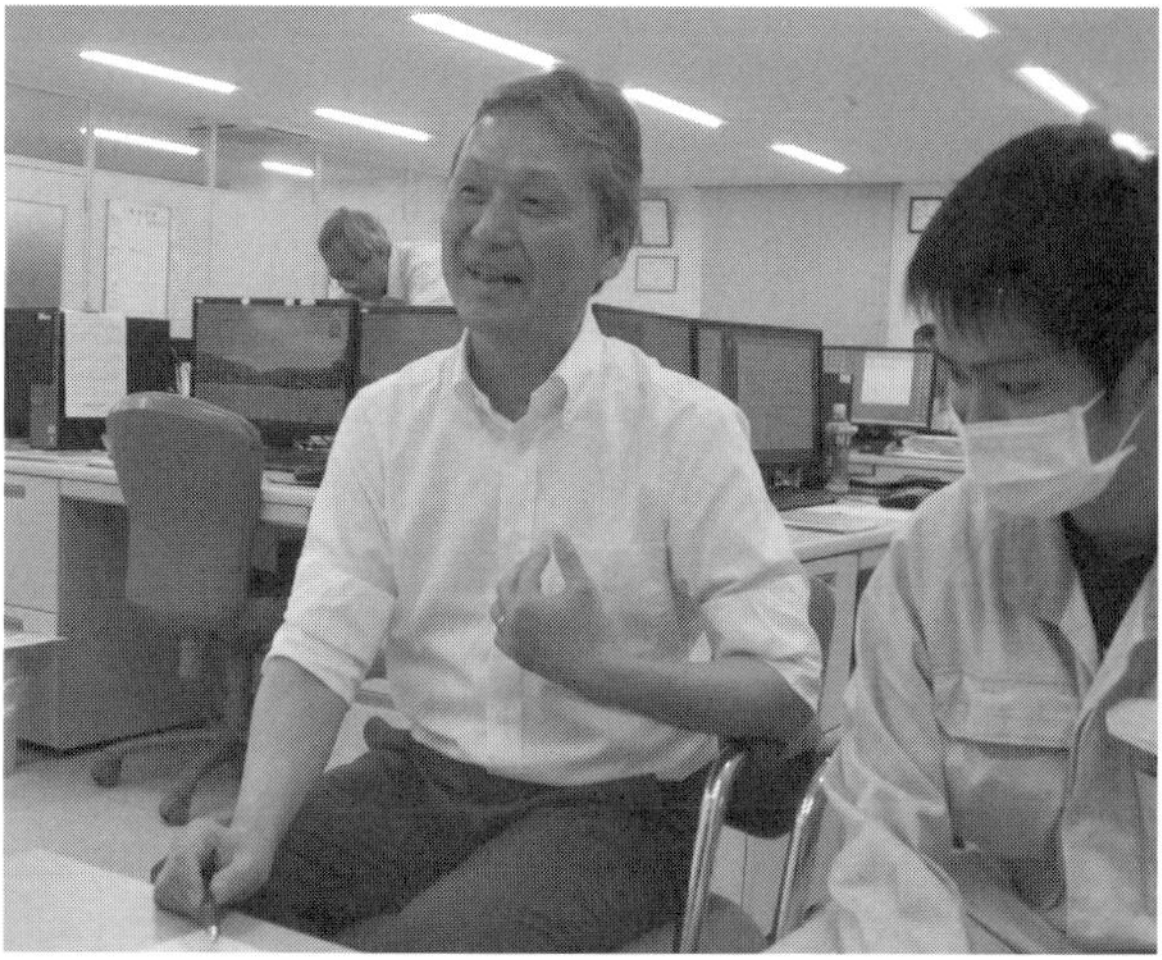

56歳でサノヤスHDに転職した米田康浩さん

設備の製造販売を手がけるサノヤスホールディングス（ＨＤ）だ。

米《よね》田《だ》康浩《やすひろ》さん（六〇）は二〇一六年に五六歳でパナソニックから転職した。当時、六〇歳の定年を前に今後の人生を考え、「もう一度新しい環境で挑戦したかった」のだと言う。

米田さんは一九八一年に新卒で旧松下《まつした》電器産業に入社し、テレビ局向けのＡＶ機器の研究や開発に二五年、技術部門の事業企画に九年、計三四年間を松下・パナソニックで過ごした。

一方、サノヤスＨＤに転職後はグループ会社の合併や新工場の建設を担当している。現在はグループ会社の役員だ。

「正直、AV機器開発で培った技術で現在生かせているものはあまりない。でも、パナソニックで培ったマネジメント能力はこちらで役立っている」

米田さんは、四フロアにわたる事業所内を丁寧《ていねい》に案内してくれた。「第二のサラリーマン生活、楽しいですよ」と話す顔はすがすがしかった。

サノヤスHDはもともと造船会社として一九一一年に創業した。時代は明治の終わりで、日本が日清《にっしん》・日露《にちろ》戦争に勝ち、日米通商航海条約を結んで関税自主権を回復させた頃だ。会社は時代の荒波を何度も乗り越えてきたが、一九七〇～八〇年代の造船不況に苦しんだ時期、新卒をほとんど採用できなかった。そこで「管理職となる五〇代が足りない。一方で大企業にはそうした人材がくすぶっている」（上《うえ》田《だ》孝《たかし》社長）ことに着目。二〇一三年からこうしたシニア採用を始め、いまでは二三人が働く。むろん若手より五〇代の方が給与は高いが、それよりもいま、管理職を集めることを優先しているという。

同じくパナソニックから転職した木《き》村《むら》則彦《のりひこ》さん（五四）。もともとは一九八七年に新卒で三洋《さんよう》電機に入社した。パナソニックによる三洋の買収などで所属を変えつつも、サノヤ

木村則彦さんは52歳の時にパナソニックから転職

ＳＨＤに五二歳で移るまでの約三〇年間、主に企業内の管理システムを手がけてきたという。転職のきっかけは「大きい会社ではなく、もう少し小さい、ユーザーとの距離の近い会社で自分を試してみたかったから」。同じ仕事内容を続けられる企業に絞って転職活動したという。転職後に六五歳まで勤めれば一三年間になる。

「一三年間あれば、挑戦しても良いかなと思った。私にとっては六〇歳からの五年間では短いと思い、決断しました」

木村さんにとっての「老後」はいつからなのか。

木村さんは老後のことは考えず、当面は

働き続けるつもりだという。そう強く思ったのは、二〇一九年四月末から五月初めに一〇連休となったゴールデンウィークの時。「毎日が日曜日なのは私にはつらい」と感じたそうだ。

米田さん、木村さんがサノヤスＨＤに求められたのは、三洋電機、パナソニックという大企業で積んだ経験値だ。そういう企業に出合えた二人は恵まれている。前向きに新天地で仕事に取り組む二人の明るい表情を目にすると、肩をたたかれる前に自ら動くことの大切さについて、ふと考えさせられる。

## ■名門アパレルからの転身

「今年、まだ会社に残っていた同期もみんな退職します。私は七年前、決断しておいて本当によかった。いま、こうして働けているのは、本当にありがたいですよ」

二〇二〇年一一月、電話の向こうにいる横山《よこやま》祐二《ゆうじ》さん（五九）はしみじみと語った。

記者が横山さんと最初に出会ったのは、二〇一九年二月、東京の表《おもて》参道《さんどう》で開かれたイベントだった。イワナの塩焼きを参加者にふるまっている男性がいた。背が高く姿勢がよ

横山祐二さんと妻の宣代さん。毎朝、愛犬と散歩する

い。エプロン姿がカッコいい。

横山祐二さん。福島県川内《かわうち》村で温泉施設やレストランなどを運営する第三セクター「あぶくま川内」の取締役であり、特産品の開発・販売を手がける合同会社「かわうち屋」の代表でもある。

川内村は、二〇一一年の東京電力福島第一原発事故で「全村避難」を余儀なくされ、一時、人口はゼロになった。いま居住制限は解除され、約二五〇〇人が暮らしている。

イワナの塩焼きは絶品だった。清流で育った川魚の滋味がギュッと詰まり、ほどよい塩気にほのかな甘みもある。ふくよかな食べ心地に魅せられた。

青森出身。明治大学政治経済学部を卒業した横山さんが一九八三年に入社したのは、名門アパレルメーカーの三陽《さんよう》商会だった。一定以上の世代の人は、長嶋茂雄《ながしましげお》さんが出演したスーツのＣＭ、「Ｍｒ．《ミスター》Ｓａｎｙｏ《サンヨー》」を思い浮かべるかもしれないが、やはり英国を代表するファッションブランド「バーバリー」を日本で扱ってきた印象が強いだろう。

三陽商会で横山さんは、営業マンとして、また社会人ラグビーの選手として充実した会社人生を送ってきた。

「コートが主力の会社なので冬が忙しい。そのかわり夏は長い休みをとって、ラグビーとゴルフの合宿に参加して、メリハリをつけて働けた。社員に優しい、いい会社でしたよ」

だが、その人生航路に大きな変化が訪れる。五〇年以上親密な関係を築いてきたバーバリー社とのライセンス契約の終了が決まったのだ。

このことが社内に知られるようになったのは二〇一二年末頃。二年半後に、約一〇〇〇億円の売り上げの半分を占める屋台骨のブランドを失うことになり、「社員数が多すぎるという認識が広がった。会社の雰囲気がどうなるか予想できた」と横山さんは振り返る。

当時、二つのブランドを担当し、全国の百貨店営業を統括する部長だったが、希望退職に応募することにした。五三歳だった。

退職は、二〇一三年六月。横山さんはやることを決めていた。

東北出身者として津波被災地で役立ちたい。だが、日本財団のボランティア説明会に足を運んだ時、「周りは電気や通信、土木、医療という職種の人ばかり。アパレル三〇年じゃ役に立たないな」と痛感した。

### ■酔客や足がくさい人の整体も経験

そこで退職直後から役に立ちそうな免許や資格の取得に全力を挙げた。大型特殊自動車免許を取り、フォークリフト、車両系建設機械の運転者の技能講習を受けた。「どこでも働ける」ようにするためだ。さらには、整体ボディーケアセラピスト、ドッグトレーナーの資格も取得した。

このうち実際に仕事をしてみたのは、整体ボディーケアセラピスト。自宅に近い千葉市内にあるサロンに所属し働いた。

「本当に色々なお客さんが来るんですよ。酔っ払った人、体臭がものすごくきつい人、足がくさい人とか。施術《せじゅつ》していると、複雑な気持ちにならなかったわけではない。曲がりなりにも一部上場企業の社員だったわけですから……」

この世界は、いかに自分を指名してくれる客を増やすかが勝負。身長一八三センチ、体重九〇キロの横山さんの力は強い。「体の大きな人やプロゴルファーのお客さんが『強め希望』と言って指名してくれるようになった」。だが、四カ月ほどして両腕ともけんしょう炎になった。それでもハリを打ちながら仕事を続けた。

精いっぱい頑張っても、収入は月に二〇万円ほど。サロン運営会社に売り上げの三分の一を払わなければならない。休めば収入はゼロになる。収入の安定したサラリーマンがいかに恵まれた存在だったか、身にしみた。

その後、登録してあった転職支援会社の紹介で、寝具メーカーでも働いたが、ほろ苦い経験となった。製品の質と経営方針への疑問が膨らみ、三カ月でやめた。「三陽商会がいかに素晴らしいものづくりをしていたか、あらためて分かりました」。

二〇一四年春に転機はやってきた。三陽商会ラグビー部の先輩から「川内村の温泉施設を手伝わないか」という誘いがあった。

川内村は行ったこともなかったが、親しい先輩からの話でもあり、二つ返事で引き受けた。ゴールデンウィークに入る直前の四月下旬から、時給八五〇円のアルバイトとして、大車輪で働いた。

午前七時から二時間以上かけて施設内を徹底的に掃除、その後はフロントに立って接客、五カ月間で八キロやせた。

決定的だったのは、この職場での出会いだった。従業員や社長と仲良くなり、最後は「なみだなみだの送別会」になった。

こうした出会いが、第二の人生の幕開けとなった。二〇一六年六月、横山さんは村に戻ってきた。今度は移住者として。

## ■「一着一〇万円」から「一〇〇匹、五万円」へ

横山さんが働く「あぶくま川内」は、村が出資する第三セクターの株式会社である。社

員二九人で、日帰り温泉「かわうちの湯」、レストラン「お食事処幻魚亭《げんぎょてい》」や宿泊施設を運営している。

　実質的な経営者になった横山さんは、「この年齢で、これだけやりがいのある仕事に出合えたことに感謝します。元の会社にしがみついていたら、このモチベーションは維持できなかったろう」と話す。

　横山さんの話を聞くと、士気を高く維持できる理由としてポイントがいくつかあることに気づく。

　一つは、自分が「この会社で役に立てている」という実感があることだ。

　まず、「数字の管理」を徹底した。現状に満足するのではなく、目標を設定し、「日々の売り上げに一喜一憂しましょう」と呼びかけた。目標が達成できない時の「反省の材料」を大切にした。企業で働くサラリーマンにとって当たり前の経験が役に立ったのは、喜びだった。

　二〇一九年の夏に取材した時、「三年経って、まだ一〇％しかできていない」と横山さんが言っていたのが、「お客様第一」という意識の浸透だ。

三〇年勤めた三陽商会は、アパレルメーカーだが、「ホスピタリティー」を大事にする会社だ。百貨店内に「家一軒建つほどのお金をかけた店舗」をつくり、丁寧な接客をする。その体験の価値が理解されてこそ、一着一〇万円のコート、四万〜五万円のスカートが売れる。

いま、横山さんが売るのは、一匹五〇〇円のイワナ、入浴料六〇〇円の日帰り温泉である。大変な苦労をして一〇〇人に売り、一〇〇人の来場者を迎えても売り上げは五万〜六万円だ。

三陽商会のコートには一〇万円の理由があった。イワナの料理や温泉施設のサービスにもっとお金を払ってもらう「理由」をつくる必要がある……。

横山さんの答えは「ホスピタリティー」だ。一人一人がもうちょっと気を遣う、ほんの少しの積み重ねで、お客さんの体験の質は確実に増すはずだ。そのためには、サービスを提供する側の「思い」が乗らないといけない。

だが、現実はままならない。

「かわうちの湯」を年中無休にしようと提案して、社員から猛反発をくらった。脱衣所のエアコンがこわれたが、夏の間は修理が間に合わず、お客さんに暑い思いをさせてしまった。店構えや内装は高級感のあるお食事処で、お客さんに食券を買わせている。せめて、週末だけでもホールスタッフを置きたいが、労働強化にはなる……。

それでも、一歩を踏み出せた感覚はある。

「以前は、お客さんの声なんてウルサイという感じだったのが、いまはできることはやろうという雰囲気になってきた」と横山さん。二〇一九年のゴールデンウィークや夏休みの書き入れ時に、定休日を返上して連続営業できた。

### ■すべてをリセットできたからこそ

士気を維持できる二つめのポイントは「明確な目標」だ。横山さんにはここにいる間に、どうしても成し遂げたいことがある。会社を震災前の売り上げに戻し、会社として独り立ちできるようにすることだ。

例えば、震災前の「かわうちの湯」の来客数は年間一〇万人だった。いまは、五万五〇〇〇人。まず七万人まで増やせば黒字になる。でも、周辺の自治体、富岡《とみおか》町、大熊《おおくま》町、南相馬《みなみそうま》市、浪江《なみえ》町にもっと人が戻らないとお客さんは増えていかない。

横山さんの仕事は、「福島の被災地が立ち直れるのか」という大きな挑戦とシンクロしている。

三つめのポイントは、「田舎の現実」と折り合いをつけることだ。

村の生活には、都会にはない素晴らしさが山ほどある。朝、犬の散歩をしていると、いきなり軽トラックが止まり、食べきれないほどの野菜を渡される。年収はサラリーマン時代から半減したが、財布を開かずに済む日も珍しくない。二時間近くかけていたバスと電車の通勤は、自家用車で三分になった。

一方で、表立っては口に出せない、ムラ社会独特の利権構造、岩盤のような理不尽さに触れ、怒りをたぎらせることもある。年功序列、その場しのぎ、よそ者に対する反発など、壁はいくつもある。

横山さんは、言いたいことははっきり言うタイプ。とはいえ、ここでは、目立ちすぎるのは避け、言い回しにも気をつかう。

取材の途中、こんな質問をしてみた。ところで、大型特殊の免許とかフォークリフトの資格は、川内村で役に立っていますか？

「全然役に立ってませんね」と横山さんは笑った。結局、いまの仕事でも役立っているのは、三〇年間のサラリーマン生活で培った管理能力や、先輩社員からたたき込まれた「顧客第一主義」という精神だ。

「ほかに役立っているとすれば、時給八〇〇円の仕事でも何でもやる覚悟ですね。いったん、すべてをリセットして、ゼロからスタートしたことが大きかった」

　どういうことでしょう？

「一部上場企業の管理職で何人部下がいて、という記憶に邪魔《じゃま》されずに済んでいるということです。だから、営業部長だって、温泉の受付、高校生の団体の相手まで何でもやりますよ」

　リセットする覚悟。月並みに聞こえるが、最もガツンときた言葉だ。どこでも、何をしてでも食っていく。そう腹をくくれるかどうかが、一〇〇年時代の人生で第二幕を開ける最も大切な条件のように感じられた。

　コロナ禍で、温泉やレストランなどの施設は一時休業を余儀なくされ、経営は苦しくなった。だが、横山さんのやる気は変わらず、特産品の販路開拓に地元を飛び回る日々を続けている。

## ■限界集落への移住

次は、外資系製薬会社を早めに退職後、国の事業に参画し、新潟県魚沼《うおぬま》市でコメづくりに挑んだ元部長の話だ。地方への移住という点では前出の横山さんと共通するが、会社勤めから農業を中心とする地域の社会に飛び込むのは、企業間の転職とはまた違った覚悟を求められる。

二〇一六年九月の朝、外資系製薬会社ヤンセンファーマの部長職だった西村《にしむら》暁良《あきら》さん（五三）はＪＲ総武線の水道橋《すいどうばし》駅からオフィスへ歩く途中、ふと思った。

「辞めようかな」

自分でも驚いたが、腑《ふ》に落ちる感覚があった。その日のうちに上司に話した。年末には部下たちに伝え、二〇一七年三月末に退職した。

仕事に不満があったわけではない。仲間にも恵まれていた。でも、もう製薬業界に戻るつもりはなかった。

岐阜県高山《たかやま》市に生まれた。信州大学農学部を出て、一九八八年に大洋《たいよう》薬品工業（現・武《たけ》田《だ》テバファーマ）に就職。東京にあった新薬開発の部署に配属された。

当時の新薬開発はまだ牧歌《ぼっか》的で、若手でも基礎、臨床試験、国への承認申請といったプロセス全体に関われた。だが、厚生省（現・厚生労働省）が一九九〇年に「医薬品の臨床試験の実施に関する基準」（GCP）を施行し、細かい品質管理を求めるようになると、分業が業界の主流になった。開発費も膨らむ。大洋薬品は新薬開発からの撤退を決めた。

西村さんは新薬開発に関わっていたかった。一九九八年、新聞求人欄で見つけた外資系企業に転職した。新薬開発プロセスの一部を、製薬会社から受託する企業だった。臨床試験の手配などで病院を回った。

自然とマネジャーになり、一〇人ほど部下を抱えた。だが、部下の育成は苦手だった。

部下から人間関係の悩みを打ち明けられたことがある。きちんと聞いたつもりだったが、不満を示された。中立的な立場を保とうとする態度が気に障《さわ》ったらしい。味方になってもらえると思っていたようだった。

管理職はつまらないと、二〇〇二年にヤンセンファーマに転職。給料は下がっても、現場を回ることを望んだ。

それでも年を重ねると、管理職を避けられなくなる。またマネジャーになり、部下を持った。今度は気持ちに変化があった。若手を導き、成長を見る喜びが分かってきた。

仕事は順調だった。抜歯《ばっし》後に使われる鎮痛剤「トラムセット」の国内承認（二〇一一年）などに携《たずさ》わった。二〇一四年一〇月に研究開発本部で部長職に昇進した。

## ■黙って満員電車、幸せなのか？

その頃、会社の指示で出勤前の一時間半、英会話学校に通い始めた。そこで講師を務める南アフリカ出身の六〇代男性に出会った。

驚いたのは彼の「博識」だ。日本の歴史や文化にも詳しい。日本が第一次世界大戦になぜ巻き込まれたのかが話題になった。自分の国のことなのに、西村さんには知らないことばかりだった。

会社の学費補助は半年で終わったが、もう半年、自費で延長した。ある時、その男性に言われた。

「毎朝、むすっと黙って満員電車に揺られて、お前たち日本人は幸せなのか？」

それからいろいろと考えるようになった。

若い頃から給料に見合うだけの仕事はしてきたという自負があった。部長職になって収入には恵まれたが、仕事の中身とのずれを感じることも多くなった。部下にそんな気づきを話したこともあったが、あまり共感を呼ばなかった。

もう一つ、引っかかることがあった。二人の兄に感じるコンプレックスだ。長兄は日本料理人。次兄は宮大工。どちらも自分の腕一つで勝負する姿勢がまぶしかった。

〈自分はどうだろう？〉

兄貴たちに引け目を感じるのはなぜか。結局、新薬開発にプライドを感じるほどのこだわりを持てていないからではないか。

仕事を辞めたいと、妻に相談した。妻も同じ製薬業界で働いている。「いいんじゃないの。ただし無職はダメ」と言われた。

## ■自分を試すなら

退職を決意した少し前、ドライブで訪れた新潟県十日町《とおかまち》市の棚田《たなだ》が印象に残っていた。雑誌で知った「地域おこし協力隊」の募集イベントが都内であり、十日町市のブースを訪れた。

地域おこし協力隊は、都市部の若者などに地方に移住・活動してもらい、定住につなげようと総務省が二〇〇九年度から始めた事業だ。国の補助を受けた自治体が隊員を募る。契約の形態は、非常勤職員だったり業務委託だったり、自治体が自由に決められる。

総務省によると、隊員の数は年々増えている。初年度の二〇〇九年度の隊員数は全国三一自治体で八九人だったが、二〇一九年度は一〇七一自治体で五三四九人になった。二〇～三〇代が約七割を占め、四〇代が約二割、五〇～六〇代は約一割と続く。

西村さんがのぞいた十日町市のブースは若い人でにぎわっていた。自分でなくてもよい感じがした。

「農業やりたい？」

手持ちぶさたの西村さんに、魚沼市職員が声をかけた。福山新田《ふくやましんでん》地区への移住を勧められた。

市の中心部から車で約四〇分。福山新田は標高三五〇～四〇〇メートルの山あいにある集落で、約三〇〇年前、現在の新潟県長岡《ながおか》市と福島県会津《あいづ》若松《わかまつ》市を結ぶ街道沿いにあって開拓されたと言われる。いまは、住民約一三〇人の半数以上を六五歳以上が占める、いわゆる「限界集落」だ。冬の積雪量が四メートルにも達する豪雪地域でもある。

自分を試すなら、中途半端な場所よりいい。西村さんはそう考え、退職から間もない二〇一七年四月に移住した。

季節は春。さっそく、前任の隊員から受け継いだ約二五アールの水田で、稲の無農薬栽培に挑んだ。トラクターで土をおこして水を張る。田植えのあと根を張らせるためにいったん水を抜く。習いながら、そうした作業をひとりでこなした。

収穫量を増やすには草抜きが欠かせない。雑草の種が残ると翌年の収穫にも響く。朝から夕まで毎日八～九時間、草抜きだけの一週間が収穫までに三回はあった。

嫌とは思わなかった。鳥や虫、カエルの声や風を感じながら、いろいろと思いをめぐらせた。東京では多くの人が満員電車に揺られている。自分はぜいたくだと思った。

無農薬で育てた稲の前で笑みを見せる西村暁良さん

初めて収穫したコメのうまさが忘れられない。ご飯といえばよくかんで、おかずとのみ込むイメージだった。しかし、ご飯だけ食べてもさくさく入る。おかずもいらない。昔の同僚らにコメを送ると、「ご飯が嫌いな子どもがおかわりした」という声が届いた。

### ■「定年前の選択肢の一つになる」

福山新田では二〇〇四年に閉校になった福山小学校の体育館事務室が活動拠点だ。入口にある手作りの看板には「ほこん処《しょ》」と書いてある。「ほこんしょ」は、地元の言葉で「ここの衆」または「ごめんください」という意味だという。

西村さんは就農に挑むかたわら、都会から参加者を募る「山暮らし体験ツアー」を集落の人たちと協力して運営してきた。このほか、昭和女子大学（東京）と連携し、学生のフィールドワーク（現地研修）を受け入れる現地仲介役も務めた。そうした体験も踏まえて、協力隊についてこう考えるようになった。

「子育てが一段落し、それなりの蓄《たくわ》えと体力もある。だが、会社ではどこか気持ちが満たされない。そんな定年前の会社員の選択肢の一つになるのではないか」

総務省の調査では、二〇一九年三月末までに任期を終えた隊員の約六割がその後も同じ地域に住むことを選んでいる。少子高齢化や人口減少にあえぐ自治体にとって、新たな若い世代の活力は魅力的だ。

福山新田でも体力は必要だ。住民でも六〇～七〇代になれば重さ三〇キロの米袋が持ち上げられなくなるなどの理由で、田んぼは若い人に委《ゆだ》ねられるのが一般的だ。また、骨の折れる冬の除雪作業は六〇～七〇代になっても生活の一部だ。病院が少なく遠いなど医療が都市部に比べて見劣りすることは否めず、年齢を重ねた人が健康に不安を抱えたまま移住するのはなかなか厳しいだろう。

協力隊員一人あたりの経費の上限は年四〇〇万円で、そのうち報酬費は最大二五〇万円と国が定める（二〇一九年取材当時）。魚沼市の場合は、市と隊員が業務委託契約を結び、報酬相当部分として毎月一八万円を支払い、車のレンタル費、ガソリン代、住居費は別途支給だ。食料や水は自給自足でまかなえる部分もあるため、西村さんは「アマゾンなどの通販に手を出しすぎなければ、おつりが来る」と言う。

ただ、若い人ならいずれ所帯を持ち、子育てもしたいと考えるかもしれない。それだけの収益源を、蓄えのない状態からスタートし、わずか三年で確立するのは簡単なことではない。多少の蓄えがあった方が気持ちにも余裕ができる。

## ■二〇代も五〇代も「若手」

それに加え、西村さんが自分と同じ世代に協力隊を推《お》す根拠として挙げるのが、一見、農村暮らしとは縁遠いように見えるサラリーマン時代の営業や企画などの経験だ。業種にかかわらず会社勤めが長ければ、「三年で何か成果を残す」という隊員の課題とも粘り強く向き合うことができる。

西村さんは「会社にいれば、トップや上司の交代など、いろんな波がある。ずっといるだけで忍耐力は相当磨かれているはずだ」と言う。

隊員が何かを仕掛けようとしても、いつも住民が協力してくれるとは限らない。だが、会社にいれば、一度断わられても簡単には諦めず、説得する材料を集め、メリットを理解してもらうための交渉を重ねる経験を積んでいるはずだ。

例えば、昭和女子大学の学生の受け入れを検討した時、住民から反対意見も出たが、粘り強く説得し続けた。受け入れが決まると学生の成長も意識し、自身はできる限り前面に立たないよう気を配った。こうした姿勢は管理職として部下と接した時に身についたものだ。

外部から人を招くイベントが増えると、住民側も「歓迎」の準備で疲れてしまうことに気がついた。そこで最近、着手したのが、都会から訪れる人が、集落にある空き家で気軽に寝泊まりできるようにする仕組みづくりだ。

空き家の修繕費は「新潟ろうきん福祉財団」（新潟市）が地域おこしを支援する助成制度

に応募し、めどをつけた。新薬の承認を得るための膨大な書類を扱ってきた西村さんにとっては、応募の書類づくりは苦にならない。空き家は「迎賓館《げいひんかん》ふくやま別館」と名付けられ、二〇二〇年夏から、集落を訪れる人たちが使えるようになった。

周囲の人たちは西村さんの動きをどう見ているのだろう。福山新田で活動する別の隊員、嶋田雄《しまだゆう》さん（二四）は「自分ならとっくに諦めていると思うことがよくあります」と感心する。

東京の私大を出てすぐに隊員になり、二〇一八年四月に着任した。他の自治体からも熱心に誘われたが、就任前の現地見学で西村さんに出会って、「大卒でいきなり協力隊は難しいのではないか」と直言された。率直なもの言いと親身な姿勢にかえって感銘を受け、福山新田を選んだそうだ。

福山新田で生まれ、「出稼ぎ以外」はずっとここで暮らしているという集落の長老、佐《さ》藤文作《とうぶんさく》さん（八二）にも、西村さんの印象を尋ねた。

佐藤さんは「集落の生活で分からないことは何でも聞いてくる」とその積極性を褒《ほ》める。加えて「こっちが分からないことは何でも教えてくれる」と感謝していた。西村さんに使い方を習ったＬＩＮＥ《ライン》で、埼玉県に住む孫と交流しているという。

佐藤さんに「二〇代と五〇代、どっちが移住者としてふさわしいですか」と質問してみた。だが、何度聞いても「うーん、何か違いがあるかなあ」という答えだった。

二人を傷つけないよう気遣っているのかとも勘ぐったが、後から、魚沼市の集落支援員で、福山新田を担当する星《ほし》綾《あや》子《こ》さん（五四）の話を聞いて納得した。

「集落では二人とも若手ですから」

確かに福山新田では六〇代も七〇代も欠かせない働き手だ。八三歳の佐藤さんから見れば、五三歳の西村さんも二四歳の嶋田さんも若手に違いない。

魚沼市は二〇一四年度から隊員の受け入れを始めた。当初は募集要件に「五〇歳以下」という上限をつけていたのだが、年齢制限をつけるのをやめた。

星さんは「せっかく来ていただいても、なじめずにすぐ戻ってしまうようなことがあると、移住しようとした側にも、受け入れようとした側にも傷が残る。いまは年齢よりも、住民との相性を重視しています」と話す。

## ■働くことと生きること

隊員の任期は二〇二〇年三月末で切れたが、西村さんは集落に残った。新たに市と「地域おこしアドバイザー」の契約を結び、他の地区も含めた市への移住希望者をサポートすることになった。新型コロナ禍で、首都圏などからの移住希望者は増えているように感じるそうだ。カイシャ人生を見直す機運が高まっているのかもしれない。

だが、最終的な決断にはハードルもある。例えば、同じ世代の相談に乗っても「年収は下がらないか」を気にする人は多く、この点を譲れない人には難しい。また、移住先を、公共・商業施設などがそれなりに充実する「地方の都市部」のイメージで見る人も多く、福山新田の暮らしを説明する際、ギャップを埋めるのに苦労することがよくあるという。

西村さんは東京都内でのイベントに参加した時、来場した高齢の女性と長い間、話した。女性が帰った後、関係者から「あの人は毎回来るんだ。移住はしないよ」と教わり、ちょっと考え込んでしまった。

ひょっとして都市部では、仕事をリタイアした後、することを失い、話し相手も見つけられない高齢者が増えているのではないだろうか、と。

ここの集落の高齢者たちは毎日忙しそうだ。「働く」ことと「生きる」ことの境目がないように見える。

お年寄りたちの仕事は農作業に限らない。家屋のまわりや水路の掃除、裏山の手入れ、冬への準備などやることはたくさんある。気がつくと何でも自発的に動く。早朝から日没までよく動いている。

それに引き換え、都会の生活はどうだろう。サービスはお金を払って受けるのが当たり前で、働くと暮らすが分かれている。お金の大切さは否定しないが、集落に住み始めてから、「お金稼ぎ」と「仕事」が必ずしも一致しないことを見せつけられた気がする。

西村さんには、政府や企業がとなえる「働き方改革」の視野が狭すぎるように思えてならない。

「問われているのは『働き方改革』ではなく『生き方改革』ではないか」

移住当初は、集落の人から「なんでこんな田舎《いなか》に来たの」と聞かれるのが悲しかった。

四年目になり、「来てくれてよかった」と言われることが増えたのがうれしい。兄たちへのコンプレックスはまだ消えないが、自分の力を試している手応えはある。人生八〇年だとしても、あと三〇年ある。

## 【記者コラム】コロナは「日本人の老後」をどう変えた？

私たちが「老後レス社会」を生きる人たちの記事を最初に世に送り出してから、本書をまとめるまでの間、日本は、いや世界は激変に見舞われた。言うまでもなく、新型コロナウイルスの感染拡大である。

この大変化が、私たちが取材してきた人たちの生活に、そして日本人全体の老後に、どんな影響をすでに及ぼし、また及ぼしそうなのか、可能な限りフォローアップ取材した。その内容は各章の関係部分に加筆してある。いくつかのポイントを結んで、「ウィズ・コロナ」「ポスト・コロナ」における私たちの社会や老後のありようを模索してみよう。

まず、足もとで何が起きているのか。経済の停滞で多くの企業がリストラを加速させている。東京商工リサーチによると、早期・希望退職者募集を発表した上場企業は二〇二〇年一二月時点ですでに九〇社を超え、募集社数は、リーマン・ショック直後の二〇〇九年（一九一社）に次ぐ高水準になっている。2章に登場した「妖精さん」タイプの中高年正社員への風当たりは強まりそうだ。精神的に追い詰め、退職へと導《みちび》く「追い出し部屋」の悲劇が繰り返されるおそれは十分にある。

　深刻なのは女性の状況で、二〇二〇年四月には就業者数は対前月比で約七〇万人の減少（男性の約二倍）となった。その後、持ち直してはいるものの、サービス産業、非正規雇用で働く人たちを中心に、女性が受けた打撃は極めて大きく、3章でも触れたように、女性の自殺者数（速報値）は六月から前年同月を上回り続け、特に一〇月には八五二人と同八割増となった。

　新卒の就職も、全日空や日本航空が採用中断を発表するなど厳しさを増す。二〇二一年春に卒業予定の大学生の就職内定率は六九・八％（二〇二〇年一〇月現在）。前年同期からの下げ幅七ポイントは、二〇〇八年のリーマン・ショックが直撃した二〇一〇年卒に比肩する。コロナ禍が就職活動期と重なってしまった世代が、3章の主人公である「ロスジェネ世代」の再来となりかねない。

ちなみに、前年の最終的な就職内定率は過去最高の九八％。「どのタイミングで新卒就職するかによって明暗がはっきりと分かれてしまう」（本田由紀・東京大学教授）という事態が繰り返されれば、新たな生活不安定層が生まれることになる。

若い世代の生活が不安定だと出生数に影響する。二〇二〇年の出生数は八五万人を割り込む見通しで、翌二一年は八〇万人を下回る可能性もある。コロナ禍により、日本の人口ピラミッドがさらに不安定化しかねない。

特定分野の人手不足はさらに加速する。すでに、その影響が顕著なのは、コロナ禍で光が当たったエッセンシャルワーカーたちだ。その典型例が、1章で登場する警備員。有効求人倍率（月別）が全体では一を割り込んだ二〇二〇年六月から一〇月の間も、警備員を含む「保安の職業」は六近い水準を保ってきた。景気浮揚や「国土強靭《きょうじん》化」を錦《にしき》の御旗《みはた》にした公共事業の増加で人手不足感はさらに強まることも予想される。高齢者に働く場を提供し、生活を安定させている貴重な雇用分野だが、所定内給与額が全業種平均より一〇万円近く低いという処遇格差を是正できなければ、それこそ社会のエッセンシャルな部分がマヒしかねない。

コロナ禍のもと、テレワーク導入やＤＸ（デジタルトランスフォーメーション）が進む。従来の仕事のやり方を繰り返すだけでは立ちゆかない。そんな時代に、高齢者雇用安定法の改正で、二〇二一年四月から、希望する社員のために七〇歳まで働く機会を確保することが企業の努力義務となる。多くの社員が定年を迎える六〇歳以降も幸せに働けるよう、意欲を引き出す制度を整えてきた先進企業は6章で紹介している。5章で焦点を当てた、高齢者のＤＸに地域で取り組む千葉県柏市や徳島県上勝《かみかつ》町のような事例も参考になるだろう。日本の人口全体が急速に減少する中で、シニア人材活用の優劣が、企業や地域の命運を左右するようになるかもしれない。

人口が密集し感染リスクが高い大都市から、人々が脱出する兆《きざ》しも見られる。総務省の住民基本台帳人口移動報告によると、東京は二〇二〇年七月から一一月まで五カ月連続で転出超過となった。4章の主人公たちのように、「働き方改革よりも生き方改革」に目覚め、定年前退職して第二の人生へと踏み出す選択肢が魅力的に見えてくる。プライドやしがらみを捨て、世間の目よりも「人の役に立っている」という実感を大事にしながら、「六〇歳代も若手」という地方に活路を求める人にはぜひ読んで欲しい。

次の世代をもり立てる気配りも忘れたくない。

二〇二〇年九月、ＳＮＳ上では、自民党の新総裁になった菅義偉《すがよしひで》氏（七一）が平均年齢七〇歳超の党四役らと拳を合わす写真と、前年にフィンランドで誕生した三四歳の女性首相が三〇代の他の党首らと並ぶ写真が一緒に拡散し、世代交代の遅れを嘆くコメントが飛び交った。上が残ると下が育ちにくい面もある。「妖精さん」現象の要因の一つは、世代間のコミュニケーション不足との指摘がある。6章で紹介する先進企業は、シニアの処遇改善と同時に初任給の引き上げなどを実施し、世代間の確執を起こさぬよう気を遣っている。

いくら元気に長く働けていても、誰もがいずれは年老いる。ロスジェネ世代や、コロナ禍で脆弱《ぜいじゃく》さがあらわになった非正規雇用の人たちは、「自助」による備えには限界がある。強制加入だが、本質は「共助」である年金や医療の社会保険、最後のセーフティーネットである「公助」の生活保護や福祉で何とか支え続けるしかない。特に、死ぬまで受け取れる公的年金は重要だ。これまでは、「平均余命を生きるなら何歳から受け取り始めるのがお得」といった記事が週刊誌をにぎわせてきたが、発想の転換が必要になる。できるだけ長く働き、貯蓄も活用しながら、受給開始時期を遅くして割増しされた年金を受け取る。年金の専門家が「WPP」と名付けたコンセプトは6章で詳述した。

数カ月後を見通すことすら難しい「ウィズ・コロナ」のいま、自分はどう「ポスト・コロナ」の老後に備えられるか、私たち取材班はヒントを探し続けたい。

朝日新聞編集委員　浜《はま》田《だ》陽《よう》太《た》郎《ろう》

経済部労働チーム記者　志《し》村《むら》亮《りょう》

# 5章

# 死ぬまで働く

## ――前を向いた高齢者たち

## ■なぜ、それでも仕事を続けるのか

ここまでは主に、お金のために老後も働かざるを得ない高齢者や、来たるべき高齢期に不安を募らせ、思い悩み、さまざまな決断をする中年、若年の人たちについて報告してきた。だが、高齢者が働く理由は、必ずしも経済的理由とは限らない。ここからは、生活資金に不自由しているわけではないのに、自ら働くことを選んでいる高齢期の人たちを取り上げたい。

現在、六五歳以上の世代で、会社や役所を長年勤め上げて定年退職を迎えたような場合は、厚生年金と貯蓄によって生活を十分まかなえていることが多い。体力や気力が次第に衰《おとろ》えていく老後に、生活費の心配と労働の義務から解放されるのは本来あるべき姿といえるだろう。

これまで見てきたように、高齢になっても十分な年金や蓄えのない人が増えているのが現状ではあるものの、そもそも誰もが願う人生のゴールは、働かなくてもいい穏《おだ》やかな老後を送ることであるはずだ。毎日決められた時間に出勤し、煩《わずら》わしい職場の人間関係に揉《も》まれ、やりたくない仕事を割り当てられる。そんなくびきから解き放たれることこそ、長年働き続けた人に与えられるべき、老後の報償《ほうしょう》だろう。

それなのに、不自由のない経済状況にある高齢者の中にも自ら働くことを選んでいる人たちがいる。いったい、なぜ。

そんな疑問を胸に、高齢になっても自分から仕事を続けている人たちに会いに行くことにした。

## ■高齢者施設で働く高齢者

Ｊリーグ柏《かしわ》レイソルの本拠地で知られる千葉県柏市。そこに住む鎌田《かまた》勝治《かつじ》さんは二〇一七年、七六歳の時に、市内の特別養護老人ホームに「就職」した。

その特養ホーム「八幡《やわた》苑《えん》」を最初に訪ねたのは、二〇一九年秋のことだった。七八歳の鎌田さんは、ベレー帽をかぶり、背筋をすっと伸ばして現われた。

まずは、ふだん通りの仕事ぶりを拝見させてもらう。施設には要介護度の高い高齢者が多くおり、認知症を患《わずら》った人も少なくない。利用者たちは広いロビーに置かれたソファに並んで座って、身じろぎせずにテレビを眺《なが》めていた。その目の前の床を、鎌田さんが手慣れた手つきでモップを使って拭《ふ》き清めていく。大股ですたすたと歩く姿は、いわゆる後期高齢者であることをまったく感じさせなかった。

多くの高齢者が手厚い介護を受けている施設で、同世代の鎌田さんがてきぱきと若者のように仕事をこなしている。「人生いろいろ」という言葉が浮かんだ。

私たちは六五歳以上を高齢者と区分しているが、人によって心身の状態はまちまちだ。「お年寄り」というラベルを貼るだけでは、超高齢化社会の現実は理解できない、と改めて思う。

施設内では、車いすに乗った人も多い。鎌田さんはそのうちの一台に近づき、ゴムタイヤに手押しポンプのホースの先を素早く差し込んだ。間髪《かんはつ》を容《い》れず、ハンドルを上下して空気を入れ始めた。車いすに座ったままの女性は、慣れているのか、それとも気付いていないのか、すぐ横でポンプを動かす鎌田さんに視線を向けることもない。

「こうやるのがね、お互い楽なんですよ。文句を言われたり、大声を上げられることもあるけれど、感情的にならずに謝《あやま》ってしまえばいいだけですから」

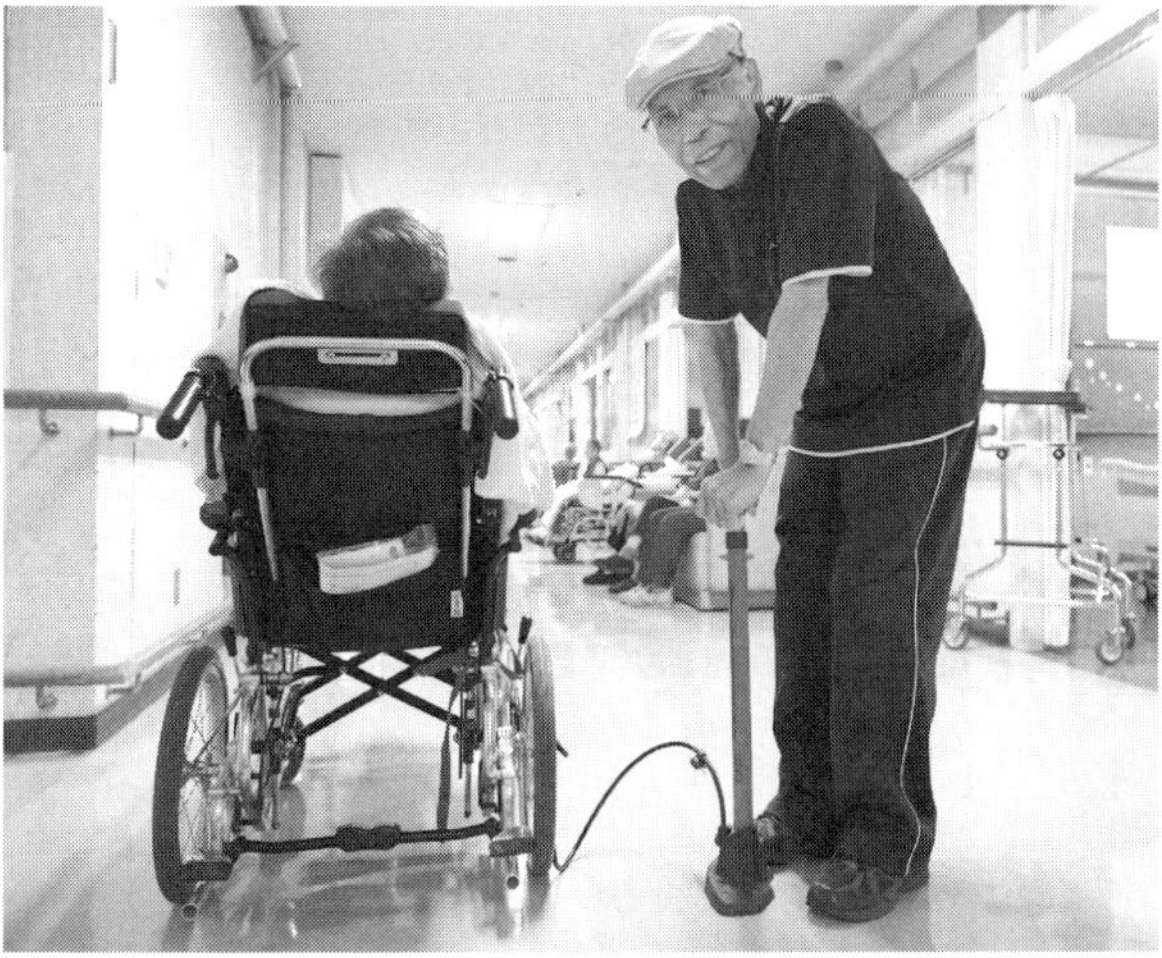

介護施設で働く鎌田勝治さん。車いすのタイヤに空気を入れる

## ■年金に不足はないけれど

鎌田さんは、この施設に週二〜三日ほど通っているという。施設内外の掃除や洗車、草刈り、電球や蛍光灯の交換、近くの病院への車での送迎など、指示された雑用を何でもいとわずにこなしている。家具や建具《たてぐ》類のちょっとした修繕《しゅうぜん》もやってしまうのだとか。

「仕事っていうのは楽しいもんだねえ。人と接して、仲良くするというのがいい。七〇歳を過ぎて、ようやく気付いたよ」

鎌田さんが器用なのには理由がある。一六歳から最近まで靴職人として、製甲《せいこう》工程（靴の革を縫《ぬ》い合わせる仕事）で働いていたのだという。有名靴メーカーの工場で一足三万円以上の高級紳士靴を一日二五足、半世紀以上作り続けた。定年退職後も関連企業で働き、退職したのは七〇代半ば、ほんの数年前のことだ。

子どもたちは独立し、妻と二人暮らし。不足のない額の年金を受給しており、生活費に困っているわけではない。それなのに、なぜ働くことを選んだのだろうか。

「働いていた時とは勝手が違って、やることがないと戸惑っちゃってね。それに、なんだか体がもやもやして、なまっちまう感じがしたんですよ。酒以外には道楽もなく、ゴルフも好きじゃないし」

仕事を辞めて一年ほどはゆっくりしていた。一日一万歩を目標にウォーキングをし、地元の中高年が集まった草野球チームに入ってセンターで七番を打った。しかし、仕事をしない生活は退屈だったという。気の張りがなく、酒ばかり飲んでいた。

「その点、ここの仕事はみんな楽しいんだよ。靴を作っていた現役時代よりも、いまの方が楽しいかもしれない。こうやって、多くの人と話せるのがいいね」

給与はせいぜい、月に五、六万円ほどだという。お金は目的ではないといっても、そこから高校生の孫にお小遣いをやるのが喜びの一つだと話してくれた。

五〇年以上仕事を続け、それが日常となった鎌田さんにとって、何もしない日々はあまりに物足りなかったのだろう。加えて、自分が必要とされているという実感は何歳になっても大切だ。仕事は確かに、人に役割と居場所を与えてくれる。

## ■精密検査で見つかった病気

一方で、高齢者を雇う側はどうなのか。高齢者介護施設についていえば、都市部では慢性的な人手不足に悩んでいる。介護職の有効求人倍率は高止まりし、四倍、五倍にも上る。働き手一人に対して四、五人分の求人があるということで、この施設でも高齢者は貴重な働き手だという。

「実は、入所者には、年齢が近い人の方が喜ばれるんです。話が合うからって。認知症の人の振る舞いや暴言にも、かっとせずにうまく対応してくれますし、虐待《ぎゃくたい》の心配もない。やはり人生経験が豊富な人は違います」と同施設の総務を担当する中村栄作《なかむらえいさく》さん（四五）は話す。親子ほども年齢は違うが、鎌田さんの相談役のような存在となっている。

「そう、中村さんがね、家にいても余計なことを考えるだけだから、うちで働いていいよと言ってくれたんですよ」

話を継いだ鎌田さんは、ちょっと躊躇《ちゅうちょ》してから、思いもよらぬことを口にし始めた。

「実は半年ほど前、精密検査で胃がんが見つかったんです」

進行がんだということを示す「ステージ四」と診断され、手術はしないことになったのだという。抗がん剤を月に一度投与されており、副作用で体がだるい。体重は六三キロだったのが五〇キロにまで減り、好きな酒も飲めなくなった。

「働いて誰かと話していないと、もう死ぬんじゃないか、とかつまらないことを考えてしまう。いまは医師からも良好だと言われ、元気に働いています。いや、働いているから元気なのかな」

余命を意識せざるを得ないほど進んだがんを抱えながら、鎌田さんは明るく、元気に働き続けていた。何と言葉を継いだらいいのか分からず、病《やまい》についてはあまり触れないようにして、取材を終えた。

## ■最終ゴールの寸前まで働く

その数週間後、取材内容の確認をするために、鎌田さんの自宅に電話を入れた。受話器を取った妻のタカ子さん（七五）に取り次ぎをお願いして、その返答に耳を疑った。

鎌田さんの「葬儀」を終えたばかりだというのだ。体調を崩したのは、取材からわずか数日後のことだったという。「少し休みます」と施設に連絡をして、一〇月中旬に入院した。帰らぬ人となったのは、その月末のことだった。

取材した時の元気で活発な様子からはうかがい知れなかったが、病はかなり進行していた。

「取材を受けたことをとても喜んでいました」とタカ子さんは語った。

「病気が見つかって、働くのはもうやめた方がいいと私は何度も言ったんです。それでも、あの人は働きたいと、いつも出かけていきました」

鎌田さんは亡くなる直前まで、元気に仕事を続けていたことになる。人生の最後に残された時間、自分だったら、どう過ごすだろうかと、ふと考え込んだ。鎌田さんにとって、「働くこと」イコール「生きること」だったのだろうか。

施設の中村さんは振り返る。「病気になると自分の殻《から》に閉じこもってしまう方も少なくないのに、喜んで働き続け、人に接し、社会の役に立ち……。そういう生き方がこれからは必要なのかもしれないですね」

人生の限られた残り時間にも、多くの人とつながり続け、最終ゴールの寸前まで働き続ける。こんな人生の締めくくり方もあることを知った。

## ■典型的な衛星都市での社会実験

実は、鎌田さんが暮らしていた柏市は、全国でも有名な高齢者就労の先進地域の一つである。というのも、一〇年前から、高齢者の社会参加を促《うなが》す「実験」が行なわれていたのだ。

同市は人口四三万人、ＪＲ常磐《じょうばん》線で東京駅まで約四〇分でダイレクトに結ばれ、近年開通したつくばエクスプレスによってさらに利便性が増した。首都圏郊外に広がる典型的なベッドタウンだ。

勤め人の多くが朝早く東京へ通勤し、帰宅は深夜になることも多いため、昼間人口と夜間人口の差がきわめて大きい。そして、バブル時代前後に自宅を購入した団塊《だんかい》世代の住民が多く、現在は必然的に急激な高齢化が進んでいる。

つまり、夜寝るためだけに自宅に帰っていたようなサラリーマン、いわば「柏都民」が定年退職を迎え、自分の住む地域に初めて「デビュー」する。そんな男性たちが多い柏市は、首都圏郊外に点在する衛星都市の典型といえるだろう。

この柏市の特性に目を付けた東京大学高齢社会総合研究機構が二〇〇九年、柏市役所と独立行政法人「都市再生機構（ＵＲ都市機構）」とともに、高齢者の「生きがい就労」の推進を社会実験として進めた。

市内の団地をフィールドに、定年退職後の居住地域における再就職を後押しし、「生涯現役」によって「セカンドライフ」を充実させることを狙った。その後、事業が終了した後も成果を継承するため、二〇一六年に柏市生涯現役促進協議会が設立された。

働くことに興味、関心を持っている高齢者のために定期的なセミナーを催《もよお》し、相談窓口を設けている。職員が足で企業を回って、五五歳以上でも働ける企業を探しているのだという。

## ■本人にも社会にもメリットが

鎌田さんが仕事を見つけるきっかけとなったのも、この協議会だった。

「生活に困っているという人はあまりいません。働けば、収入だけでなく生きがいや健康も得られて、社会から孤立することも防ぐことができる。高齢者の就労は本人にも社会にもメリットがあるのです」と、同市福祉政策課の石《いし》毛《げ》雅之《まさゆき》課長（当時）は説く。厚生労働省から出向し、住民と向き合う最前線で高齢者の就労に携わった。

高齢者が働くことの利点について、東大、ＵＲと市による社会実験の報告書は、こう指摘している。

「働きに出ることは最も長年慣れ親しんだライフスタイルであって、明確な外出目的となる」

「就労の場では明確な自分の役割（居場所）が与えられる」

定年退職後の男性たちが、「粗大ゴミ」とまで言われるようになって久しい。確かに定年で長年の会社と別れを告げた男性たちは、同時に居場所、役割、話し相手、さらには人生の目的すら見失ってしまうことが多い。それに対して最も効き目がある処方箋が「就労」なのではないか、というのだ。

定年退職まで勤め上げた多くのサラリーマンにとって、心が休まるのはやはり、「働いている時」ということなのかもしれない。一方で、「仕事中毒」という言葉もつい脳裏にちらついてしまう。

## ■高度成長を支えた企業戦士の現在

せっかく勤労から解放されたというのに、なぜ働き続けるのか。それを確かめたくて、もう一人、高齢になってからも仕事を続けている男性に話を聞いた。

やはり柏市に住む星《ほし》野《の》孝《こう》治《じ》さん（六九）は、地元の小さな建設会社で働いている。彼もまた、市の生涯現役促進協議会を通じて働き始めた一人だ。

現役時代、誰もが知る外資系の大手石油元売り企業に勤めていたという星野さん。十分な企業年金をもらっているので、生活には困っていない、という。

ではなぜ、働いているんですか。

「いや、家にずっといると、どうにも落ち着かないんですよ」

若い頃は毎日、終電後にタクシーで帰宅するような生活だったというから、昭和の日本経済を支えた「企業戦士」の一人である。五〇代で早期退職した後も、業務委託契約の形で関連企業などで働き続けた。昨年、ようやく「自由の身」になったが、家にいてもやはり、ちっとも面白くなかったのだという。

いまの職場では社長も含めた社員全員の中で最年長にあたるが、社内外の掃除や電話取り、資料整理などの雑用をしている。働くのは週に二日程度で、時給は最低賃金に近い九〇〇円ほどだ。

「現役の頃は同僚との競争に明け暮れ、仕事にもプライドを持ってやっていた。そんな自分が雑草取りしているなんて昔の同僚が知ったら、なんて言うでしょうね。でもそれは、ちっとも恥ずかしいことではないと思うんです。家にこもっていたら、人と接することもできませんから」

過去のキャリアにはこだわらない。聞かれるまでは余計なアドバイスをしない。お金はいただけるだけでありがたいと考える――。それが高齢になっても働けるコツだと星野さんは言う。

「賃金の多い少ないで考えたら、退職後の仕事はできません。それよりも、いままでしたことのない経験をできるのがありがたい」

そうは言うものの、長年大企業で勤めた経験はいまも役立っているようだ。地元密着の小さな工務店なので、業務フローのチャートは作っていなかったが、星野さんの提案によって改めて取り組み、効率が上がっているという。加えてパソコン操作も得意で、エクセルは一通り扱えるというから、雇う側にとっては、かなりの「お買い得」感がある。

## ■亭主元気で留守がいい

そして、本人の生きがいや居場所探しと同じぐらい、いやそれ以上に大切なのは、定年後の夫婦関係かもしれない。

星野さんは、こうも言う。

「四六時中、私が家にいると、妻も落ち着かないんですよ。『亭主元気で留守がいい』なんて言葉がはやりましたが、いままでまったく家にいなかった夫がずっといるのだから、確かに落ち着かないでしょう」

同様の悩みを抱えている高齢夫婦は少なくない、と柏市生涯現役促進協議会の事業統括員を務める白石博《しらいしひろし》さん（六七）は明かす。「熟年の男性に仕事をご紹介すると、『うちの主人に本当にいい仕事を紹介してくださってありがとうございます』と奥様から感謝されることがよくあります。以前よりも、夫婦仲が良くなった、なんて言われるんです」

日中、だらだらと家にいて、家事を手伝おうともしない夫に不満を持っている妻たちは多い。妻の外出にいつもついて来て「濡《ぬ》れ落ち葉」と揶《や》揄《ゆ》されているうちはまだいい。近年、連れ添って二〇年以上の夫婦の離婚、いわゆる熟年離婚はじわじわと増えている。

そもそも、夫が不在であることが「平常運転」であるということ自体、昭和を色濃く感じさせる夫婦関係ではある。会社一筋の夫と専業主婦の妻が当たり前だった時代はすでに過去のものとなりつつあるが、何十年も一緒に暮らして慣れ親しんだ夫婦間の「間合い」は、余人には計りがたいものだろう。

数十年、仕事というマラソンを走り続け、定年というゴールを迎えた。でも急には立ち止まらず、肩から力を抜いて、ゆっくりと無理のない範囲でジョギングに切り替えていく。夫婦の距離感も、手探りしながら、ゆっくりとチューニング（調整）していく。人生一〇〇年時代、こういう生き方、働き方もまた、後半生を実り豊かなものにしてくれるに違いない。

## ■数千万単位で減る労働力

定年後のセカンドライフを充実させるために働き続ける理由を当事者に聞いてきた。では、この老後レス就労は果たして、日本社会にとってどのような意味を持つのか。この問題に詳しい研究者に聞いてみることにした。

労働経済学者で前慶應義塾長の清家篤さん

労働経済学者で前慶應義塾長の清家《せいけ》篤《あつし》さんの元を訪ねた。高齢になっても働き続けることが日本を救うと以前から主張し、安倍首相（当時）が議長を務めた全世代型社会保障検討会議のメンバーでもある。

まずは、ストレートに質問をぶつけてみた。なぜ、高齢になっても働き続けなければいけないのでしょうか？
「日本では、水準、速度、奥深さのすべてにおいて世界に類を見ない高齢化が進んでいるからです。六五歳以上の高齢者の割合は二〇四〇年には総人口の三分の一を超え、六〇年には五分の二に近づきます。それだけではありません。『高齢者の高齢化』が進み、六五歳以上七五歳未満と、七五歳以上の人の割合は、六〇年には約一対二とトップヘビーの形になります」

高齢化の進展については知っているつもりだったが、改めて数字で突きつけられると衝撃が走る。高齢者がさらに高齢化し、いわゆる「後期高齢者」が多数派になるという事態は人類史上、未体験の出来事に違いない。

さらに、人口構成で高齢者のボリュームが厚い「トップヘビー」の状況で、別の人口に関する難題が日本を襲う。社会を支える働き手、いわゆる労働力人口が減り続けるのだ。二〇一八年に約六七〇〇万人だったのが、四〇年には五五〇〇万人を割り込む。つまり、一〇〇〇万人を超す「現役世代」が減ることになる。

アタマが重いのに、それを支える胴体がやせ細っていく。国家として、そんないびつな体形になったら、いったい何が起きるのか。

最初に憂慮されるのは、現役世代の減少による労働力不足である。コロナ禍以前には求人倍率が高騰《こうとう》し、深刻な人手不足による廃業、倒産も起きていると報道された。コロナ不況によって一時的に求人は減っているが、今後半世紀、数千万人単位で労働力が減っていくことにより、大半の産業で深刻な担い手不足となることは避けられない。

## ■日本に残された「人的資源」とは

労働生産性が向上しないまま、働き手が減れば、国全体が生み出す付加価値の総量である国内総生産（ＧＤＰ）が減る。一人当たりの賃金が増えなければ、当然ながら総所得が減り、消費全体も落ち込んでいく。つまりは日本経済そのものが縮んでいく。

もう一つ、憂慮されるのは、社会保障の持続可能性に黄信号がともることだ。保険料と税の担い手が減ることで、年金や医療保険の負担と給付のバランスが大きく崩れる。

このような事態を防ぐ方法として、最も手っ取り早いのは「支え手」を増やすことだが、日本に残された「人的資源」は何だろうか。

労働力の確保で最初に思い浮かぶのは、海外からの移民受け入れである。しかし、日本の人口は、とてもそれだけでは穴埋めできないスピードで減っていく。ピーク時で年間約一〇〇万人、わずか二〇年で一〇〇〇万人以上減る労働力人口をすべて外国人で置き換えることは事実上不可能だろう。人口比でこれほど多くの移民を受け入れるのは、米国などの移民国家でもあり得ない。

そこで現在、十分活用されていない「人的資源」と目《もく》されているのが、まずは専業主婦やパートタイム労働で正規雇用されていない女性たちである。安倍政権が「女性活躍」をスローガンに掲げた理由はそこにある。

そして、同じように期待されているのが、高齢者というわけだ。体力的には若い世代にかなわなくとも、これまでの人生で培った技能と経験があり、しかもこれから数十年は増え続けることが確定している。清家さんによると、女性と高齢者の労働市場参加率を高めれば、二〇四〇年時点での労働力人口を六二〇〇万人程度に維持できると試算されているという。

ここでカギとなるのが、「生産年齢人口」という言葉である。一五歳から六四歳までの人口を指す用語で、生産活動に関わり、いわば社会の支え手となる年齢層の人口という意味で使われている。この言葉と対になるのが「従属人口」または「被扶養人口」である。生産年齢人口以外の年少人口（〇歳〜一四歳）と老年人口（六五歳以上）を指す。

生産年齢人口はすでに一九九五年をピークに右肩下がりとなっており、高齢化の進展によって今後も総人口の減少を上回るペースで減っていく。二〇三〇年には六七七三万人、二〇六〇年には四四一八万人とピーク時のほぼ半数まで減少すると見込まれている。

清家さんは、この「生産年齢人口」という考え方そのものに疑問を呈する。

「高齢者の勤労を促《うなが》すには、まず一五歳から六四歳までを『生産年齢人口』と定義することをやめるべきだと思います。六五歳時点での平均余命は男性で二〇年、女性で二四年程度もあり、この年齢で引退してしまうと現役期間と引退期間の比率は二対一になります。働く意思と能力を持っている人には、それを発揮してもらえる社会にしていくことが、これからの日本には必須です」

## ■六五歳以上の多様な選択

何歳になっても働く気力と体力、スキルを持つ高齢者にはどんどん働いてもらえばいい。なるほど、まさにこれは「老後レス」の考え方である。そして、清家さんは、高齢者が働き続けるために必要な条件として、「健康寿命」と「雇用制度改革」を挙げる。

健康寿命とは、健康上の問題で日常生活が制限されることなく生活できる期間を指す。当然ながら心身が健康でなければ働くことはできないわけで、現在、男性が平均七二歳、女性が七五歳ほどとされる健康寿命をさらに延ばすことが必要だという。

「生活習慣病の予防などにもっと投資をし、健康寿命と実際の寿命のギャップをいまの一〇年程度からもっと縮める必要がある。その分、寿命も延びるので必ずしも医療費の減額には結びつかないかもしれませんが、社会全体で見ると生産や消費も増え、社会保険料や税の増収でプラスになります」

そして、高齢者が働きやすいように雇用制度を柔軟に変えていくことも求められる。高年齢者雇用安定法によって、六五歳まで働きたい人のために定年延長や再雇用などが企業に義務づけられたが、少なくとも定年を六五歳まで延ばすべきだと清家さんは主張する。

**65歳以上の就業者数と就業率**

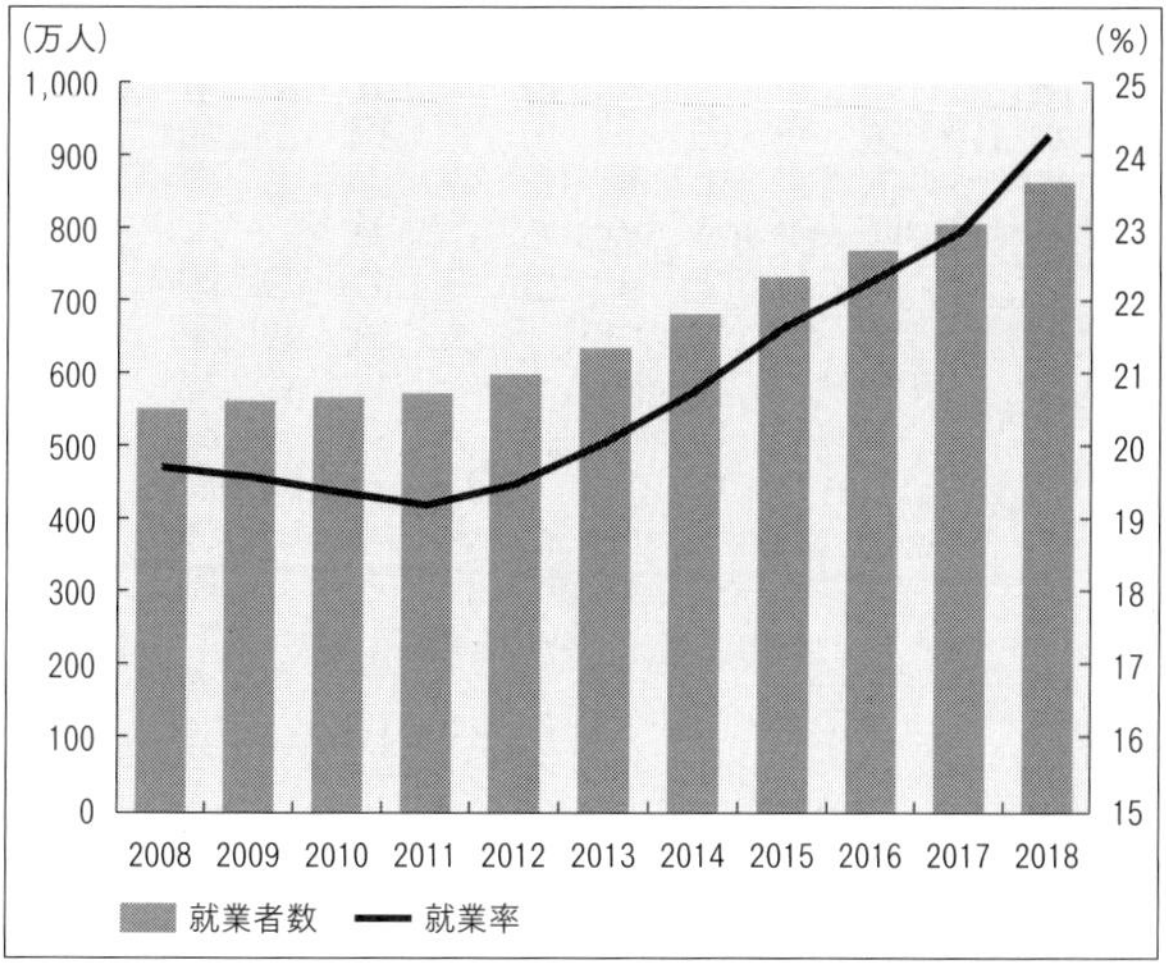


出典：総務省調べ

米国などでは、年齢を理由に退職を求めることは差別だとされる。

「六五歳以上になったら、多様な選択を尊重すべきでしょう。六五歳までは普通に働くとして、それ以降は引退と多様な働き方を個人が選択することにする。余暇と仕事で余暇の比重を増やす人は多くなるでしょうし、週のうち三、四日働き、一日当たりの労働時間も短くするような働き方が増えると思います」

いわゆる「働き方改革」をさらに進めて、フルタイム労働にこだわらない働き方を広げていくことは、高齢者に限らず、子育てや介護など人生のさまざまな段階においても有効だろう。

## ■令和の「国家総動員体制」か

ここまでの議論を聞いて、ちょっと待てよ、と思った人も多いのではないだろうか。人口が減り続ける日本という国にとって、高齢者が貴重な「資源」であることは分かった。だが、一人一人の高齢者の立場に立ってみると、別の思いが浮かび上がってくる。自分たちは、十把《じっぱ》一絡《ひとから》げの労働力に過ぎないのか。悠々自適《ゆうゆうじてき》の老後がやってくることはなく、死ぬまで働き続けることになるのか。これではまるで、戦時下の「国家総動員体制」のようではないか……。

いや、決して、そういうわけではない。「高齢になっても働き続けたい人」に対して勤労の選択肢を増やすというところに、この雇用政策の胆《きも》がある。希望する人を仕事につなぐということだ。

「働かざるを得ない」という事情もあるにせよ、日本の高齢者の就労意欲は高い。千葉県柏市での高齢者就労の取り組みでも、地元の高齢者に聞き取り調査をしたところ、「働く場が欲しい」という声が群を抜いて多かった。

「働くということは、所得を得るだけが目的ではありません。社会に対して貢献しているという充足感も得られる。その意味でワーク・ライフ・バランスという言い方もいかがなものかと思います。仕事と生活は対立する概念ではなく、ワークは人生の大切な一部です。働くことで自分自身が成長の実感を得る、これは若い人も高齢者も同じです。生活にリズムが生まれ、健康にもつながります」

　この清家さんの言葉から連想するのは、先に紹介した柏市の「働く高齢者」たちだ。末期がんを抱えながら、亡くなる直前まで元気に働き続けた鎌田さん。定年退職し、生活に不自由していなくても、「働けるだけでありがたい」という星野さん。まさに仕事が人生の一部となっている。

　高齢者の就労は、社会全体の成長と持続可能性をもたらし、人手不足に悩む企業を助けるだけではない。個人個人も、生きがいや充足感、健康を高められる「三方《さんぽう》良《よ》し」なのだと清家さんは力を込めた。

「高齢者の就労は、支え手を増やすという攻めの社会保障政策です。働く意思を持つ高齢者が社会を支えることで未来の子どもたちの負担が減る。そのような社会を作るかどうか、もちろん最終的に選択するのは国民です」

## ■コロナによる二つの壁

ここで再び現場に戻ろう。千葉県柏市でシニア層の就労支援をしている生涯現役促進協議会は二〇二〇年春、大きな曲がり角を迎えた。言わずと知れた新型コロナウイルスの感染拡大である。年を重ねるほど重症化するおそれが高いとされる新型コロナによって、高齢者就労の場はどんな影響を受けたのか。

高齢者への就労情報提供という業務は、コロナ禍によって二つの壁にぶち当たった。一つ目は、人を物理的に集めにくくなったこと。いわば、「対面の壁」だ。

コロナウイルスに脆弱《ぜいじやく》な高齢者が対象だけに、就労セミナーや窓口での対面相談は慎重にならざるを得ない。これまで柏市生涯現役促進協議会では高齢者向けの就労セミナーを定期的に主催していたが、それがすべて中止となった。感染が拡大し、緊急事態宣言によってステイホームが呼びかけられた時期には、当然ながら就労の希望もほぼなくなった。外出自粛要請が終わった後も、窓口に出向いて就労相談を受けた人は約四分の一まで減少した。

この時期、企業でテレワークが進み、オンライン会議が広がったことを受けて、同会でもオンラインセミナーを企画しようとしたものの、ここで二つ目の障壁が立ちはだかった。「ネットの壁」である。

若い世代と比べると、高齢者にはいわゆる「デジタルデバイド」（情報通信技術を利用できる者と利用できない者との間にもたらされる格差）が厳然として存在する。普段からインターネットやパソコン、スマートフォンに接している人は少なく、そういう高齢者たちを対象にオンライン化を進める困難さは並大抵ではない。

実は事務局の側も、決してＩＴスキルに習熟していたわけではなかった。前出の事業統括員を務める白石博さんは一念発起して、ネット会議ソフトＺｏｏｍ《ズーム》の操作方法を独学で覚えたという。

その上で、オンラインのセミナーに参加可能な高齢者たちを募ったが、最初にやらなければならなかったのは、Ｚｏｏｍの使用方法の個別説明だった。就労セミナーをするのが目的だったのに、まるで無料パソコン教室のような状況となってしまったという。

参加予定者ほぼ全員と綿密にリハーサルまでして、ようやく七月に最初のオンラインセミナー開催にこぎ着けた。求人する側にも参加を求めたところ、大手うどんチェーンが実際に働いているシニア店員の映像を流してくれた。

## ■高齢者にはハードルが高い在宅勤務

セミナーは同様の活動をしている団体の間で評判となり、神奈川県や茨城県内の協議会から、高齢者向けオンラインセミナーのノウハウを教えてほしいという問い合わせが相次いだという。

「就労セミナーが感染リスクを生んでしまうおそれがあり、思い切ってオンラインに踏み込みました。なかには八六歳で参加した人もおり、高齢者でもやればできるということが分かりました」と白石さんは言う。

だが、これほど苦労してオンライン化を成し遂げたものの、就労までこぎ着けた高齢者は少なかった。前年は八月までに三〇件に上ったが、二〇二〇年は七件にとどまったという。

コロナ禍は高齢者の就労が置かれている状況や、さまざまな課題を浮かび上がらせた。感染予防の観点から、在宅での勤務を希望する高齢者は少なくないが、そもそもシニア向けの求人には事務職が極めて少ない。現役時代の経験を生かすために経理などのホワイトカラーの事務職を希望しても、実際に求人が多いのは介護、製造、販売、調理、清掃、警備などの現場仕事で、テレワークが可能な職種はほとんどないという。

求人に興味を持って職場の見学を希望しても、介護施設などでは感染防止の観点から訪問を制限しており、なかなか就労まで至らない。高齢者が就く職場の多くは対人サービス業であり、ウィズコロナの時代にはリスクがどうしても高くなる。生活費のためではなく、生きがいや社会貢献を目的とする場合、感染リスクを敬遠して、就労そのものを諦める人がどうしても多くなってしまう。

## ■コロナ禍でもエッセンシャルワークの求人は多いまま

一方で、コロナ禍においても、高齢者向け求人の多さそのものは変わらなかったという。同協議会に八月までに寄せられた求人件数は一三一件に上り、前年同期比でほぼ同じだった。

1章で取り上げた警備員の仕事がそうだったように、高齢者が求められている介護や清掃、調理などの業務は、人々の生活に必須な労働、エッセンシャルワークである。実は高齢者が日本社会に必要不可欠な仕事を担っているのだという現実を、この感染症は見せつけた。

「これだけ世の中から求められているのだから、自宅に引きこもっている高齢層をなんとか引っ張り出したいと考えています。私自身、経済的理由ではなく、社会に役立つことをしたいと思っていまの仕事をしています」

白石さんは海運会社に四一年間勤務し、三年前に退職したばかりのセカンドキャリア組だ。生涯現役促進協議会のセミナーに参加したのがきっかけで、同会の職員として勤めることになった。週三日の勤務で月収は一〇万円程度、待遇は現役会社員の頃とは比べものにならないが、「仕事をやらせてもらったうえに、お金までいただいている」感覚だという。

パソコンで「注文取り」に成功して笑顔の西蔭幸代さん

「人生一〇〇年と言われる時代、シニアに社会参加を促し、生きがいを持ってもらうのは非常に大事なことだと思っています。リタイアして家でぶらぶらしているなんて私自身、考えられません」

新型コロナの感染拡大という予想外の事態で足踏みをしてはいるが、生きがいのための高齢者の就労という試みは少しずつ、社会に根を張り始めている。

### ■成功した「葉っぱビジネス」

お年寄りが長く働き、しかも稼げる。生きがいも得られ、健康も維持できる。超高齢化する日本で、この試みがうまくいけば、確かに多くの問題を解決することができるに違いない。

しかし、デジタル化が急激に進む現代社会で、仕事の内容は日々、急速に進化していく。要求されるスキルも上がり、これまでは存在しなかった仕事も増えていくだろう。若い世代ですらついていくのがやっとのドッグイヤー（犬の年齢のように速く進む技術革新）に、高齢者はどうやって追いつけばいいのだろうか。現に、柏市の生きがい就労の試みも、コロナ禍でオンライン化というハードルにぶつかっている。

そんな中、高度に情報化された市場経済に、八〇歳代の人までも参加させ、利益を叩き出し続けているコミュニティーが、四国の山中にある。「葉っぱビジネス」の成功で知られる徳島県上勝《かみかつ》町だ。東京近郊のベッドタウンとは対極的な山里に、二〇一九年九月、取材で訪れた。

徳島阿波《あわ》おどり空港から車で約一時間。山深くに抱かれた集落にある農家の一室。西蔭《にしかげ》幸代《ゆきよ》さん（八二）がパソコンをにらんでいる。時計が午前七時五九分を回ると、その目が真剣さを増した。

「ハスをねろうとる」

そうつぶやきながら、トラックボールに置いた手に自然と力が入った。画面には、全国各地から発注された「青もみじ」「ささ」など、日本料理に添えられる「つまもの」アイテムがずらりと並ぶ。

午前八時、画面が更新され、「注文取り」が始まった。西蔭さんは、お目当ての「はすいも葉（小）30枚」のボタンにポインターを置いて、必死にクリックし続けた。だが、画面には無情にも「ざんねん！」の文字が――。町内の誰かが、一足早く誰かがこの注文を取ってしまったのだ。悔しそうな表情の西蔭さん。

気を取り直してパソコンを操作し、注文一覧を更新すると、また「はすの葉」の注文が新規に出ているのを見つけた。今度は、無事に受注に成功した。画面に表示された「受注おめでとう！」の文字に、西蔭さんは満面の笑みを浮かべた。

収穫のため外に出る。「注文とれたら、雨でも雪でも採《と》りにいく！」と西蔭さん。小雨の降る中、雨合羽《あまがっぱ》と長靴に身を固め、徒歩数分の畑に急いだ。生い茂るハスの中を分け入り、首にかけた定規で葉を測って一六～一八センチのものだけを手早く三〇枚集めた。

この葉は、一枚一〇〇円。一ケース三〇枚入りで三〇〇〇円の売り上げになる。汚れのないことを確かめながら、きれいに箱詰めしていく。午後三時には農協に持ち込まなければならない。

## ■お年寄りのIT活用を実現

年間二億六〇〇〇万円を売り上げるビジネスを支えているのは、一五八世帯の農協の「彩《いろどり》部会員」だ。中には、売り上げが一〇〇〇万円を超える農家も四～五戸ある。平均年齢七〇歳。その主力は女性だ。

過疎化と高齢化で活気を失った町が、一九八六年から始めた「葉っぱビジネス」で大成功を収めた——。その物語は、さまざまなメディアで繰り返し報じられ、映画化もされた。

進化し続ける「葉っぱビジネス」。その中心にいるのが、横石知二《よこいしともじ》さん（六一）だ。農協職員として三〇年前に町に赴任した。「つまもの」がどう使われているのか研究するため、身銭を切って料亭を回り、周囲の冷たい視線を浴びながらもゼロから産業を立ち上げた。

現在は、町の第三セクターの株式会社「いろどり」の社長として、情報システムの運営、商品企画や宣伝などで全国を飛び回る。会社のウェブサイトを自ら毎日更新、「今日の横石」というコーナーでは日々、どこに行き、誰とどんな仕事をしているのかをこと細かに知らせている。その活動量は超人的だ。

記者と同じ日に視察に訪れていた他県の農協職員は「おばあちゃんの欲を引き出す仕組みがすごいんですよ」と感嘆していた。カギを握るのが、高齢者向けのパソコンと情報システムだ。

いろどり社長の横石知二さん。「葉っぱビジネス」の立役者だ

「つまもの」を生産する農家は、パソコンを操作しなければ「注文取り」に参加できない。配布されているタブレットには、ＬＩＮＥを使ったシステムで、「南天《なんてん》3パック　いがぐり5個　08時43分に注文がありました」など全国から入る注文内容がリアルタイムで配信される。サイトでは「はすいも」や「青もみじ」など品種ごとの注文対応

率、出荷先と金額、量などを一覧できる。また、その時々の「欠品しやすい品目」も分かるので、「何を採れば稼げるか」という見通しも立てやすい。

こうしたデータを駆使してお年寄りの「稼ぎたい」という意欲を喚起しているのだが、欠かせないのが、横石さんの会社によるきめ細かなサポートだ。たとえば、お年寄りはマウスの操作は苦手なので、かわりにトラックボールを使ってもらうなどの工夫を重ねてきた。

上勝町から「彩《いろどり》」というブランド名で出荷された商品は、首都圏にも空輸されている。当日午前に注文した商品は、夜一一時頃には市場に届く。「つまもの界のアマゾン」とでも言うべきシステムで市場を席巻《せっけん》し、上勝町のシェアは全国七割にのぼるという。

毎日、パソコンやタブレットを操作し、情報を得て、市場のニーズに迅速に対応する。「習慣づけが大事。市場に年一回視察に行っても変わりませんから」と横石さんは言う。

もう一つ、感心したのは「適材適所」の実践だ。

先に紹介した西蔭さんは、出荷額は多い方ではない。だが、初対面の人ともスムースに対話できる天性のコミュニケーション能力があり、いまや全世界から町を訪れるようになった視察や取材の相手を引き受ける渉外・広報担当として、きわめて重要な役割を担っている。

「売り上げが一〇〇〇万円あるようなところは、忙しすぎて取材対応を引き受けたがらない」と横石さん。西蔭さんには「これができるのは、あんたしかいないよ」と声をかけているが、その通りなのだ。

## ■介護サービスを使いながら

上勝町で、もう一軒訪ねたのが、田村利一《たむらとしかず》さん（八八）とトモエさん（八〇）のご夫妻。お邪魔した時は二人で、一箱四五〇円の松葉を箱詰めしている最中だった。この日は三〇箱を出荷するという。「彩」の仕事で年間四〇〇万円近くの収入がある。「パソコンは命がけで覚えた。習わなんだら金もうけにならんのよ」と利一さんは明るく笑った。

奥さんのトモエさんは二〇〇六年頃、脳梗塞《のうこうそく》で倒れて半身不随《ふずい》となった。利一さんの献身的な介護に支えられ在宅で暮らし、仕事も続けてきた。

デイサービス、ショートステイなどの介護サービスを使い始めたのは二〇一九年九月から。トモエさんは「あまり行きたくない」と言うが、利一さんは率直に「家できついのは、お風呂に妻を入れること。デイサービスでは風呂に入れてくれるし、泊まりがけでショートステイに行く時は、自分が一晩一人でゆっくり寝られるのは助かる」と話した。

外部のサービスを上手に使いながら家族の介護者が疲弊《ひへい》しきるのを避け、住み慣れた我が家で、生きがいの仕事を続ける。ご夫婦の介護サービスの利用は、節度があり「お手本」のように見えた。

「この仕事がなかったら、もっと早く死んでいたかもしれんな」

利一さんのポツリと漏らした言葉が心に残った。

人間はかならず年をとり、仕事だけでなく、自らの身辺のこともできなくなる時はやってくる。それまでの間、介護サービスも利用しながら、一人ひとりが持てる能力を最大限に発揮し続けるにはどうしたらよいのか。日本社会が目指す社会像が、上勝町の取り組みから読み取れる気がした。

コロナ禍はここでも、大きな影響を及ぼしている。つまものは、高級料亭やホテルが客

松葉の箱詰めに忙しい田村利一さん、トモエさん夫婦

に供する食事に使われる。このため、緊急事態宣言が出ていた二〇二〇年四～五月は、飲食店の営業自粛や旅行客の激減により、売り上げが八割も減ったという。

その後、「Ｇｏ Ｔｏトラベルキャンペーン」の効果で、一〇～一一月は売り上げをほぼ平年並みに戻したが、そこへ「第三波」とされる感染拡大が襲った。

「一二月は、本来なら一年で最大の書き入れ時。でも、忘年会がなしになるから需要が一気に冷える」

一一月下旬に電話で話を聞いた時、さすがの横石さんも、声に落胆を滲《にじ》ませた。それでも、横石さんは市場の動向に目をこらしていた。「家庭でのおせちの注文は伸びるだろう」と巣ごもり需要を計算に入れて売り上げを伸ばそうと。

逆風でも諦めることなく、前を向き続ける。高齢者たちが元気に働き続ける秘訣の一つが、このポジティブさにあるのは間違いない。

6章

# 老後レス社会を生きる

――定年延長、再雇用、そして年金。近未来へのヒント

## ■高齢者はどんな職場で働くべきか

これまで、いろいろなケースを見ながら、老後レス社会を生き抜くヒントを探してきた。長年働いた会社を離れ、自分で起業したり、フリーランスで働いたりする人もいる。だが、依然として安定した働き口を提供できる企業の果たす役割は大きい。政府もそう考え、できるだけ長く雇うよう企業への要請を強めている。高年齢者雇用安定法を改正し、二〇二一年四月から、希望する社員には七〇歳まで働く機会を確保することを企業の努力義務とするのもその表われだ。

労働力人口が減る中で高齢者をどうやって戦力にしていくのか、企業側もさまざまな工夫を迫られている。最終章では、高齢者を雇う側の目線も交《まじ》えながら、どんな職場で働くことが望ましいのか考えてみたい。

法改正以前の高年齢者雇用安定法は企業に対し、六〇歳定年制を認める一方、希望者には六五歳まで雇用を確保するよう義務づけていた。企業が採用できる選択肢は、①定年廃止、②定年年齢の引き上げ、③再雇用、の三つがあった。

中小企業には、もともと定年自体がないところも多い。大企業では六〇歳でいったん定年退職してもらい、六五歳まで有期労働契約で再雇用するケースが少なくない。

厚生労働省が従業員三一人以上の全国約一六万社に対して二〇一九年六月一日時点での対応状況を尋ねたところ、再雇用が約七八%を占めていた。この調査では具体的にどんな条件や処遇で雇っているかまでは分からないが、一年間の雇用契約で六五歳まで毎年更新するパターンが多いと見られる。

一方、定年の年齢を引き上げて対応した企業は約一九%、定年制度をやめた企業は約三%だった。

企業側からみると、年齢を重ねるにつれて処遇が手厚くなっていく「年功型」の賃金体系を維持したまま定年延長に踏み切ると、総人件費が膨らんでしまうおそれがある。再雇用が大半を占めるのは、それまでの就業条件をリセットし、賃金を抑えるためだと見られている。

愛知県に住む六〇代男性が受けた処遇も、そんなケースだ。

## ■定年後の給料引き下げは「合理的」？

「やる仕事は変わらない。自分の能力が衰えたわけでもない。それなのに給料が一気に下がって……」

男性は二〇二〇年夏まで勤めていた業務請負《うけおい》・技術者派遣会社との攻防を苦々《にがにが》しく振り返る。数年前にいったん六〇歳で定年退職し、再雇用されてからの待遇をめぐって対立した。

この派遣会社では、専門的な仕事ができる技術者を求めるメーカーに派遣され、そこで常駐して働くことが多かった。

男性は定年当時、大手部品メーカーに常駐し、新製品の開発を支える仕事をしていた。専門的な知識や機器の扱い方を常駐先に評価され、定年後もここで働き続けることが決まっていた。

勤務先の派遣会社は定年退職した男性を再雇用した。だが、正社員とは立場が異なる「限定社員」という位置づけだった。月給制から時給制に変わり、ボーナスはなくなる。男性は年収が二割ほど下がりそうだった。

男性は派遣会社に「常駐先でやる仕事は変わらないのに、おかしい」と質《ただ》した。でも、定年後の再雇用を理由に「合理的」だと言われるばかり。直談判《じかだんぱん》が行き詰まり、裁判所に労働審判も申し立てたが、おたがいの見解の違いは埋まらず、訴訟に移った。

この男性のケースは少し複雑だ。

というのも、もともと男性は「日本型雇用」の別の大手メーカーで働いていて、三〇代後半の時、専門職としての働き方を求めてこの派遣会社に転職した経緯があるからだ。「日本型雇用」のもとでは、若い頃は仕事量に比べて給料が安めだが、年齢を重ねるにつれて職位や等級が上がって給料も増える。中高年になると、逆に仕事の割に高い給料をもらえるようになり、若い頃の安月給の埋め合わせをする。そんな仕組みがベースになる。昇進して管理職になれば、勤務時間が不規則になることも多い。男性は家庭の事情で、自宅で過ごす時間をどうしても確保する必要があった。

派遣会社では、請負や派遣の仕事が主力で、担当する範囲がはっきりと決まっていた。仕事と私生活をきちんと切り分けられるのが魅力だった。常駐する派遣先がない期間も派遣会社から給料が出る無期雇用で、雇い止めの心配もない。等級は技術スキルごとに定められ、年齢を重ねれば昇給するわけではなかった。その代わり、プロとして与えられた仕事をぬかりなくこなし、常駐先に喜ばれることに、やりがいを見いだすことができた。

常駐先が六〇歳を超えても同じ仕事をまかせ続けてくれたのは、自分のスキルが衰えていない何よりの証拠だと考えている。

それなのに派遣会社は、定年を過ぎてからの再雇用という理由で自分の給料を下げてきた。これまで年齢とは無関係の専門職として頑張ってきたのに、定年を過ぎたとたんに都合良く、年齢を重んじる「日本型雇用」の理屈を持ち出されたような印象だ。

「やりきれなかった」。訴訟の結果はまだ出ていなかったが、男性は常駐先への派遣期間が満了したところで、二〇年以上在籍した派遣会社を去ることになった。

## 報酬、役割──説明していますか

この派遣会社は、給料の引き下げを「合理的」と主張する。一方、仕事や役割がまったく変わらないのに給料が下がれば、「同一労働同一賃金」のルールに抵触するおそれがある。このルールは、二〇二〇年四月から関連法が施行され、正社員と非正社員の間の「不合理な待遇差」を解消することを目指している。労働局が「不合理」と認定すれば、行政指導などの対象になることもある。

裏を返せば、定年前と仕事や役割が変わり、給料が下がるだけの合理的な理由があれば、ただちにルール違反とはならないことを意味している。

こうした説明が、本人に対しても、周囲に対しても「きちんとされていないことが、トラブルを招くことが多い」。そう指摘するのは、人事・労務の実務に詳しい千葉経済大学准教授の藤波《ふじなみ》美帆《みほ》さんだ。

人事・労務に詳しい千葉経済大学
准教授の藤波美帆さん

藤波さんによると、企業側が雇用のルールを犯さないよう、仕事の内容や責任の範囲を見直して再雇用する制度をきちんと整えたとしても、本人には定年前の説明会などで、軽く説明されるだけのことが少なくない。確かに、一回聞いたぐらいではよく分からないかもしれない。

社員のキャリア設計に意識が高い会社では、四〇代ぐらいの時点から、五〇、六〇代のキャリアをどうするかというテーマと一緒に繰り返し、報酬の説明をしているそうだ。「早めに説明があれば、嫌なら会社を辞めてほかに移る準備もできる。報酬が下がることによるトラブルは起きにくくなる」（藤波さん）。

　加えて周囲の理解も欠かせない。例えば、会社から再雇用後は残業をしないよう指示されていたら、当人は仕事を打ち切って帰宅するだろう。だが、同僚たちが会社の指示を知らなかったら、どう見えるか。

「周囲は仕組みをよく知らないから、さぼっているように見える。しかも先輩だから、言いにくい。シニアの人たちは自分たちがそういう中で育ってきたので『言わないでも分かるだろう』と思っていらっしゃる方が多い。いまの若い人たちは、どちらかというと言われないと分からない。その違いもあります」

　中高年の社員が職場に増えてくると、こうした世代間の認識の違い、コミュニケーション不足が、ストレスの温床になりがちだ。

　ある大手メーカーの営業部門を率《ひき》いる四〇代課長職の男性は、年上の「部下」の士気をどう高めるか、悩んでいる。

若手の社員なら、頑張れば昇進する、目標を達成できれば給与も上がる、と励ますことができる。だが、すでに同じ世代のライバルとの昇進レースの枠外にいる中高年社員には軽はずみなことは言えない。なんとか士気を高めようとしても、「自分はいいから若い人に花を持たせてあげてください」と言われてしまうという。

また、シニア雇用でありがちなのは、人事部の担当者が、上司から良いポジションを用意するようにとそれなりの地位だった人の処遇を任せられ、「そんなポジションないよ」と困るケースだ。高齢者をどう生かすか会社全体の方針はあいまいなまま、個別の対応を求められるのだ。

どうしたらこうした現場のストレスが和らぐのか。「重要なのは、経営トップが中高年も戦力だと本気で呼びかけているかどうかです」。藤波さんは強調する。

いくら職場の課長あるいは人事部の一担当者から「期待している」「頑張れ」と言われても、会社全体のコンセンサスがないなら「頑張らなくてもいいや」となりかねない。一方、トップの本気度がしっかり示されていれば、本人だけでなく現場で励ます立場の上司にとっても大きな後ろ盾になる。

シニア雇用がうまくいっている企業は、社長や人事担当役員が繰り返し、人事担当者だけにではなく全社に向けてメッセージを出していることが多いという。

一方、いくら給料を下げる合理的な理由があって法に触れなくても、本人のやる気がそがれてしまっては問題だ。

藤波さんは「もう一つの鍵は、再雇用後も報酬が上がったり下がったりする評価の仕組みを整えることです。シニア雇用が上手な会社はそうした仕組みを持っていることが多い。一時的に士気が落ちてもまた士気が上がる効果があるという調査結果もある」と話す。

国の要請だからと後ろ向きな姿勢ではなく、どうせ雇い続けるなら戦力になってほしい。まともな人事担当者ならそう願うはずだ。

「使えないじゃなくて、使っていないだけ。中高年（シニア）が活躍できないのは、マネジメント側に使う気持ちと能力がないからですよ」。そう話すのは、リクルート、ローソン、永谷園《ながたにえん》で営業や新規事業開発の管理職を歴任した大隅聖子《おおすみせいこ》さん（五四）＝「チェンジウェーブ」取締役＝だ。

大隅さんが率いた部署にはよく、定年後再雇用したものの生かし切れていない人材を人事が「お願いします」と送り込んできた。でも、働かない「妖精さん」は、それほどいなかった。「単に仕事を与えられていないだけ」と話す。

活躍してもらうコツは「分けて、任せる」。まず任せる仕事をしっかり切り出すこと。「このお客さんを担当してね」「この商品企画を最後までやってね」と一人に任せてしまう。新人や中堅社員のように暴走する心配もなく、マネジメントは楽だ。

一方、例えば五人のチームにシニアを一人交《ま》ぜるのは難しい。リーダーが気を遣ってしまい、負担になるからだ。シニアの側はみんな「気を遣わないで」と言うが、本気でそう思っている人とポーズだけの人がいる。

再雇用されたシニアで人気があるのは、自分で手足を動かせる人だ。部長級以上の管理職を長くやって、現場の各論を忘れてしまった人は、昔の肩書で生きようとする。それこそ「妖精さん」になってしまいがちだという。

シニアの幸せな働き方は、自分が培《つちか》ってきたスキルを生かせること。でも、ずっと同じ組織にいれば、かつての部下や後輩から気を使われてしまうのは避けられない。「むしろ思い切って別の会社に移って力を発揮した方がカッコイイと思います」というのが、大隅さんの見方だ。

とはいえ、シニアになってからの転職はハードルが高いのも確か。次からは、同じ会社で働き続ける社員が生き生きと働けるよう、組織全体で前向きな人事制度を作ろうとしている企業の例を見てみよう。

### ■長期休暇で切り替え——大和《だいわ》ハウスの定年延長

ハウスメーカーの大和ハウス工業に勤める一級建築士の高橋《たかはし》幸朗《ゆきお》さんは、二〇一九年一〇月に六〇歳になり、次の年度となる二〇二〇年四月以降の身の振り方を考えることになった。

大和ハウスは二〇一三年に定年を六〇歳から六五歳に引き上げた。ただし、六〇歳になった年度が終わると、キャリアコースは大きく変わる。

現在は四つのコースがある。支店長など幹部として働き続ける「理事コース」、部下がいる「シニアマネージャーコース」、後輩の指導を担当する「メンターコース」、第一線で続ける「生涯現役コース」だ。六〇歳になって二〇一九年度を迎えた人たちの場合、対象の一一六人全員がいずれかのコースに沿った役割を与えられ、働き続けている。

高橋さんの会社員生活は充実してきた。

入社は一九八六年で二七歳の時。それまでは小規模な設計事務所で、分譲マンションの設計などをしていた。

「自分の力が大きな組織でどの程度通用するのか。同世代のライバルとも切《せつ》磋《さ》琢《たく》磨《ま》したい。手本になるようなスーパースターはいないだろうか」

そんなことを考えていた時、新聞で大和ハウスの中途採用を知った。

中途入社して最初の一〇年は一般建築の部門にいた。工場や配送センター、物流センターや塾――。それまで経験がない建物の設計を次々と手がけた。「やるもん、やるもん新鮮だった」。

次の一〇年は分譲マンションの商品企画を担当。営業担当者とチームを作り、間取りを考えたり、設備を考えたりした。モデルルームで接客もした。「全然、畑違いの仕事で新鮮だった」。思い出に残る仕事は、神戸《こうべ》市役所の東側に建てられたタワーマンションだ。

阪神《はんしん》・淡路《あわじ》大震災で大きな被害を受けた神戸の復興のシンボルともなっている。

その後、高年収層向けの賃貸マンションを設計する部署へ。会社が力を入れ始めた新規分野で、自ら希望した。

ずっと同じ会社にいるとは思ってはいなかった。「その時その時必死に働いて、面白かった。自分自身が進化していることが実感できた」。

直近の二〇二〇年三月末までは、集合住宅を担当する部署の部長だった。全社に約六五〇人いる設計担当者の教育やリスク管理を担当していた。

私生活を顧《かえり》みると、住宅ローンの支払いは終わり貯金もある。三人の子どもも独立した。それでも六〇歳で仕事を辞めようとは思わなかった。「お金のために働くのではなく社会とつながっていたい」と考えたからだ。

では、どんな働き方をするか。

高橋さんは「メンターコース」を歩むことになった。一歩引いた立場から「四〇年間培った知識を水平展開するのが自分の仕事だ」と言う。

大和ハウスには、新たなキャリアコースに新鮮な気持ちで臨んでもらうためのユニークな仕掛けがある。新年度の四月に一カ月間与えられる、有給のリフレッシュ休暇だ。「それまでの立場や意識をリフレッシュしてもらう」（広報担当者）目的だという。海外旅行をしたり、趣味に明け暮れたり、それぞれが自由に過ごす。仕事に復帰するのはちょうどゴールデンウィーク明けになる。

高橋さんにとっては、入社してから初めての長期休暇になった。一週間かけて妻とスペインとフランスを回り、サグラダ・ファミリアやモン・サン＝ミシェルを訪れる計画を立てた。建築士として自分の目で見たいという思いがあった。だが、それは果たせなかった。

新型コロナウイルスの感染が世界に広がったからだ。

## ■引退後のリハーサルができた

四月の一カ月間は自宅で過ごさざるを得なかった。念願の海外旅行は実現しなかった。いまはそれでも良かったと考えている。

「引退後のリハーサルができた。自分や家族の在り方を考え直すことができた。三月末までは気持ちに余裕がなかった。九割は仕事のことを意識していた」

妻との生活にも向き合った。お風呂を洗う、夕食を作る。自分は「家事見習い」だと思うようにした。仕事帰りに寄っていた酒場の味を思い出して、料理にも挑戦した。妻は「おいしい」と言ってくれた。

休暇中も職場との関係を絶っていたわけではない。メールのチェックはした。会社で何が問題になっているのか気になったからだ。意見を言いたくなって職場に電話したこともある。それでも職場からの直接の連絡はなく、緊張がほぐれた。

「もう少し自分自身で仕事とプライベートを調整する必要がある。以前は日常の九割が仕事だった。六対四ぐらいがちょうどいい」

五月七日、予定通りに仕事に復帰した。予定と違ったのはテレワークでの復帰になったこと。本格的なテレワークは初めての経験だ。同僚とはオンラインで会議をした。全国の設計責任者に調査を依頼したり、提出された書類をチェックしたりした。

六月一七日、久しぶりに大阪の本社に出勤した。「同僚と会うのが新鮮だった。安心感があった」。

六五歳まで働くかどうかは決めていない。

「男性の平均寿命は八五歳弱。健康でいられる年齢が七五歳とすると、六五歳までにやりたいことは何か。動けるうちにやりたいことは何なのか。それをじっくり考えたい」

高橋さんには新たに勉強したいことがある。それは考古学。学芸員の資格にチャレンジすることや、大学に入ることも考えている。

大和ハウスは定年を引き上げる際に賃金制度も変更した。例えば、以前の再雇用制度では、ボーナスは年間二カ月分の固定だった。しかし、頑張って働いて結果を出しても、賃金が増えなければ、シニア社員の意欲を削《そ》いでしまう。そこで、それまで対象外だった職種ごとの手当も支給し、ボーナスにも業績や個人の評価が反映するようにした。

一般的には、定年が延長されても、就業条件が変わり、給与は下がることがほとんどだ。

士気を保つには給与水準を維持するのが理想と分かっていても、経営者が尻込みする理由はいくらでもある。総人件費が膨らむ。中高年層の優遇と受け取られれば、若い世代からの反発を招きかねない。人事制度や賃金カーブは長年の労使協議を経《へ》て作られてきたものだ。変えるのは簡単ではない——。

「だからこそトップの本気度が重要です」。前出の藤波さんは、そう言い切る。

「シニア雇用は社会的要請です。経営学的に言うと、すでに景気と同じくコントロールできない外部環境なので、適応しなければいけない。生き残りをかけてどう取り組むか、考えないといけない」

次に紹介するのは、経営トップの強い意思で、定年と同時に賃金体系も六五歳まで引き延ばしたケースだ。

## ■賃金体系も延長——太陽《たいよう》生命の場合

二〇一六年夏、太陽生命保険で当時は社長だった田中勝英《たなかかつひで》会長（六六）が、社内のプロジェクトチームに発破《はっぱ》をかけた。

「ウチの会社に入ったら生涯安心という制度を作ってくれ」

チームに課された宿題は、六五歳への定年延長を柱とする二〇一七年春の人事制度改革だった。いま人事課長の一番ケ瀬《いちばがせ》智彦《ともひこ》さん（四六）は企画部から加わった。

太陽生命は、二〇二〇年三月期の保険料等収入が五九三六億円と生保業界では中堅どころの規模だ。家を一軒一軒訪問して保険を売るビジネスモデルに特色がある。近年は、認知症予防保険などシニア市場を意識したブランド強化に努めている。定年延長で自社の高齢者雇用も充実させ、企業イメージを高めるねらいもあった。

太陽生命には、大きく分けると営業職員（約八一〇〇人）と内務員（約二三〇〇人）の二種類の社員がいる。

営業職員はおもに全国約一五〇の拠点にいて、顧客を回る。賃金は、最低額が保証された成果給だ。年齢による違いはない。営業職員については定年七〇歳で最長八〇歳まで働ける制度を二〇〇五年に導入済みだ。

内務員には引っ越しを伴う転勤がある総合職（約一二〇〇人）、転勤がない一般職（約一〇〇〇人）などがいる。総合職は、本支社間を異動しながら経験を積み、いずれ管理職として働くことを期待される。

一番ケ瀬さんらの仕事は、内務員の制度改革だった。

内務員の定年は、一九八一年に五七歳から六〇歳に引き上げてから三〇年以上変わっていなかった。五八歳以降は「役職定年」で管理職を外れ、賃金はそれまでの約八割に減る。定年後も六五歳まで雇う制度を二〇〇六年から採り入れたが、賃金はさらに三～四割まで減った。

賃金が大幅に減ると、仕事への意欲も弱まりかねず、「生涯安心」とは言い難《がた》い。労働組合との交渉を経て、二〇一七年春から定年を六五歳に延ばした。役職定年は廃止し、実力次第で管理職を続けられるようにした。新入社員から定年まで同じ賃金体系で貫《つらぬ》き、年齢を理由に下げるのをやめた。

「高齢者優遇」にならないよう若い世代にも目配りした。初任給は二〇万五〇〇〇円から少しずつ上げ、二〇二〇年春には二五万円になった。第三子以降の子ども手当を新設し、単身赴任手当も拡充した。

六五歳の定年後は、賃金は三～四割になるものの、七〇歳まで希望者を再雇用することにした。退職後の企業年金は、死亡するまで受け取れる終身型を維持した。

これらの改革の結果、七〇歳まで働いた内務員の生涯賃金は平均で一五％以上増える計算だという。その分、人件費はかさむ。だが、「中長期的に見ればコントロールは十分に可能」と一番ケ瀬さんは力説する。

## ■以前なら考えられなかった人事改革

太陽生命にも、採用をバブル期に増やし、就職氷河期に絞った経緯がある。総合職の年齢別構成比は五〇代が分厚い。六〇代は現在七〇人程度だが、五～一〇年経つと二〇〇～三〇〇人規模に膨らみ、一時的に総人件費は増える。だが、この世代が定年で抜けていくと賃金が低めの若い世代の比重が高まり、人件費は減っていく。

制度改革に取り組む太陽生命保険人事課長の一番ケ瀬智彦さん

人事部門としては「バブル組」の退職で管理職人材が足りなくなるのも心配だ。幅広い世代から管理職を登用できる環境をつくっておくことが欠かせない。

内務員の給与のベースとなる「資格給」は、入社から三〇代前半までは年を重ねるたびに上がる。まだマネジメントを学ぶ時期だからだ。だがそれ以降は、単年度の目標達成の評価に基づく「成果給」、あるいは管理職のレベルによる「職位手当」が上がらない限り給与は増えにくいという。制度改革では意欲を引き出そうと、賃金に占める成果給の比重が高められた。

改革の実施から三年が過ぎ、いまでは五八歳以上の管理職も四〇人近くまで増えた。一方、若い世代では、三一歳で本社の管理職に登用される人材も現われた。

いずれも「以前は考えられなかった人事」（一番ケ瀬さん）という。

世間では、新型コロナウイルスの影響もあり、早期退職募集などを実施して余剰人員を減らそうとする企業の動きが相次ぐ。

太陽生命の規模なら、何万人もの社員を抱える製造業の大企業などよりは改革しやすい面はある。それでも、一番ケ瀬さんによると、一時的なコスト増もあるのに突き進めたのは「人件費はコストではなく投資」と唱え続けた田中会長ら経営陣の姿勢が大きかったという。

ただ、コロナ禍の逆風は生保業界にも及んでいる。

訪問販売の自粛などで各社が軒並《のきな》み新規契約数を落とし、太陽生命も二〇二〇年四～六月期の保険料等収入が前年同期比で二割減った。足元ではインターネットで手続きが完結する「スマ保険」などの販売が好調というが、主力の訪問営業をどう巻き返すか。人材への「投資」の効果が試されていくことになる。

## ■増える高齢者の労災事故

高年齢者雇用安定法が改正され、二〇二一年四月から、希望する社員のために七〇歳まで働く機会を確保することが企業の努力義務になることはすでに触れた。評価や処遇で働く意欲を引き出す取り組みが必要なことに加えて、雇う側として気がかりなのは、健康管理の問題だ。

年齢が上がるほど、体力が低下することは避けられない。無理をして働き続ければ、重大な労働災害につながることもある。

厚生労働省によると、二〇一九年の労災死傷者（休業四日以上）は約一二万五〇〇〇人で「転倒」や「墜落・転落」が目立つ。全体に占める六〇歳以上の割合は、働く高齢者が増えていることも背景に年々増加している。二〇一九年は前年よりも〇・七ポイント増え、二六・八％だった。

労災が起こるのは、製造業の工場のような職場ばかりではない。高齢者が最前線で働くことが多くなってきた小売りや飲食といった業種でも多くなっている。サービス関連の産業で起こった労災に占める六〇歳以上の割合は三一・一％に上り、全業種で六〇歳以上が占める割合を上回っている。

高齢になると労災に遭《あ》いやすくなることは数字にはっきり表われている。六五～六九歳の労災発生件数（一〇〇〇人当たり）は、男性が三・八九件、女性が三・九四件。男性の場合、最も低い二五～二九歳と比べて約二倍だった。女性は、最も低い三〇～三四歳と比べると、約四・八倍になった。

現状を踏まえ、政府も注意を呼びかけている。厚労省は二〇二〇年三月、高齢の働き手の安全や健康を確保するための「エイジフレンドリーガイドライン」を発表した。企業に対し、高齢者に配慮した職場環境づくりを求める内容だ。

例えば、身体機能の低下を補《おぎな》うために滑《すべ》りにくい靴を使うこと、作業場所の明るさを確保すること、階段に手すりを設置すること、熱中症の初期症状を把握できるウェアラブル機器を導入することなどを挙げている。

一方、職種によっては従来と同じ作業は続けられず、配置転換や転職を余儀なくされる人も多い。そこでガイドラインでは、経験のない仕事をする高齢者に対して、「特に丁寧な教育訓練」をすることも企業側に求めている。不慣れな業務だと、思わぬ危険を見落としがちになるためだ。その仕事をこなすだけの体力があるかの見極めや、作業に伴う危険を理解しやすくするなど、職場の手厚いサポートが不可欠になっている。

高齢社員が戦力として欠かせない企業は、この国にもう数多く存在している。職場の生産性や安全性を守るため、どんな取り組みをしているのだろうか。定年をやめ、社員の約三割が六〇歳以上という千葉県の中小企業を訪ねた。

## ■最高齢は七八歳――グロリアの定年廃止

都心から車で約一時間半。千葉県南房総《みなみぼうそう》市に本社を置く縫製メーカーのグロリアは、一九六〇年に創業した。主に警察官などの官公庁の制服を年間約一七万着製造し、販売する。

社員約一〇〇人の三割が六〇歳以上。最高齢は七八歳だ。社員のほとんどが、市内の工場で、一枚の布から専用のミシンでシャツなどを作り上げていく縫製作業に携《たずさ》わる。二〇一六年に定年制度をなくすまでは、原則六〇歳を定年とし、希望者を六五歳まで再雇用していた。

定年を廃止したきっかけは、老朽化した工場を現在の場所へ移転させる計画を立ち上げたことだった。この移転を機に一区切りつけようと、再雇用の期限である六五歳を迎える前に退職を考える六〇代社員が続出したのだ。

「それは困る」。代表取締役の永《なが》井《い》實《みのる》さん（七六）は焦《あせ》った。ただでさえ人手不足と言われる世の中だ。求人を出しても新たに応募してくる人は少ない。もともと熟練した技術を持つ高齢社員にはなるべく長く残ってもらう必要性を感じていた。

永井さんは「何歳まで続けてもいいんだということにして、結果的に多くの社員が残ってくれた」と振り返る。人件費はかさんだが、人手不足を避けるために背に腹はかえられなかった。

定年廃止の前後から、高齢社員が長く働き続けるための環境づくりに力を入れた。

年齢を重ねると、視力や握力、バランス保持能力といった身体機能が低下しがちだ。

縫製は手元の細かい作業が多く、特に視力のサポートが不可欠だ。従来は基本的に希望者にだけだった手元を明るくするための小型ライトを、ミシンを始めとしたすべての縫製用機械に取り付けた。中には、根元が蛇腹《じゃばら》のようになっていて自在に動かせるタイプのライトもあり、自分が照らしたい方向を微調整できる。

最年長社員の山口洋子《やまぐちようこ》さん（七八）は老眼鏡を使いながら、袖《そで》をシャツに縫いつける作業を担当している。初めのうちは細かい作業のためだけに

手元を照らすライトを持つ、グロリア社長の永井實さん

ライトを使っていたが、いまでは常に使うようになった。「一度使い出すと手放せなくなります」。

高齢者の負担を軽くする専用機器もオーダーメイドで開発した。例えば、名札をシャツに縫い付ける際、普通のミシンでは一辺を縫うたびにシャツを回転させる必要があるが、名札を置いてボタンを押せば四辺を連続して縫える専用ミシンを導入した。

受注する仕事も選ぶようになった。

黒や紺《こん》といった濃い色の糸を使う製品は、できるだけ受けないようにしているという。視力が低下した高齢者にとって、見えにくい色のためだ。永井さんは「縫い間違えて糸をほどくのも大変。糸が見えないことや失敗が、仕事を辞めたいと思う原因になってしまう」と話す。

仕事をしやすくする工夫だけではない。けがの防止にも神経をとがらせている。

工場に入る通用口の段差にはつまずかないよう、スロープを設置した。機器の電源コードを床にはわせることも、つまずく原因になるかもしれない。だから、電源コードは天井から柱などに沿《そ》って垂《た》らすようにした。製品の持ち運びが楽になるように、キャスター付

工場に入る通用口で、段差解消のために設けたスロープ

きの台を工場内の至るところに配置している。

　休憩時間も増やした。以前は昼食の一時間と午後の一五分間だったが、工場移転に合わせ、午前の一五分間も追加した。一日の所定労働時間は以前よりも一五分短い七時間半になった。それでも「特に生産性が落ちたということは感じられない。縫製の基本は手作業。確実性を維持しながら、高齢社員にとっての手作業をいかに楽にしていけるかが重要です」と永井さんは話す。

　グロリアの試行錯誤はしばらく続きそうだ。

## ■年金（社会保障）は「完投型」から「継投型」へ

「人生一〇〇年時代」と言われて、長生きできることを喜ぶより「いくらお金があったら足りるのか」と不安になる人も多いはず。二〇一九年に、金融庁の審議会の報告書から飛び出した「老後は二〇〇〇万円不足」というフレーズが炎上したのも、そんな背景がありそうだ。

確かに、少子高齢化が進めば、「世代間の仕送り」である年金の水準は下がってしまう。ただし、自分の判断で年金を増やせるオプションがある。できるだけ長く働き、年金を受け取り始める時期を遅くすることだ。

公的年金を受け取り始める標準年齢は六五歳。この年齢を過ぎても働き続けるのが普通になる時代、年金の受け取り方も考え直した方がよいかもしれない。

「長く働くこと」をベースに、私的年金との役割分担で老後に備える。そんなコンセプトを「WPP」というフレーズで考えてみたい。

働けるうちは長く働く（work《ワーク》 longer《ロンガー》）。私的年金（private《プライヴェート》 pension《ペンション》）が中継ぎし、最後は公的年金（public《パブリック》 pension《ペンション》）で締《し》める。

年金の制度と実務に詳しい谷内陽一《たにうちよういち》さん（第一生命保険）が考案したキャッチフレーズで、二〇一八年の日本年金学会で発表した。

十数年前、プロ野球の阪神で活躍したリリーフ投手陣、ジェフ・ウィリアムス（J）、藤川《ふじかわ》球児《きゅうじ》（F）、久保田《くぼた》智之《ともゆき》（K）は、その頭文字から「JFK」と呼ばれたが、人生後半は「WPP」で備えよ、というわけだ。「野球に喩《たと》えるところが昭和のオヤジ風ではありますが」と谷内さんは笑う。

第一生命保険の谷内陽一さん。
年金は「継投型」を提唱する

かつては、公的年金に個人年金や企業年金を「上乗せ」して、終身（死ぬまで）受け取れる「先発完投」型が理想とされてきた。しかし、企業年金で終身タイプは普及していないし、個人年金もこう低金利が続くと保険料が高くなってしまう。

そこで発想を転換し、個人の備えを五～一〇年の「中継ぎ」と割り切れば自助努力の範囲が「見える化」され、「いくら用意すればいいか分からない」という不安は和《やわ》らぐ。

「四二キロ以上のフルマラソンを完走しろと言われるよりも、駅伝で数キロ走る方が気は楽ですよね。民間の年金は給付が五～一〇年の有期がほとんどだし、企業年金は一時金で受け取る人が多い。そうした実態にも即しています」と谷内さん。

人生最後の「守護神」は公的年金だ。

老後における収入の柱として公的年金の優位性が揺らぐことはない。いったん受け取り始めたら、死ぬまで受け取り続けることができるという「終身給付」は、国民全員を強制加入させる公的年金で担うのが効果的。持続可能性は、人口や経済の変動に合わせて給付を抑制する「マクロ経済スライド」などで確保されているが、六五歳から受け取り始めるという条件が同じなら、現役世代の所得と比べた年金の水準は低下することは避けられない。

どうすればいいか。

「繰り下げ受給」という制度を使って、年金の受け取りをなるべく遅くし、給付の額を厚くするのだ。

社会保障は「完投型」から「継投型」へ

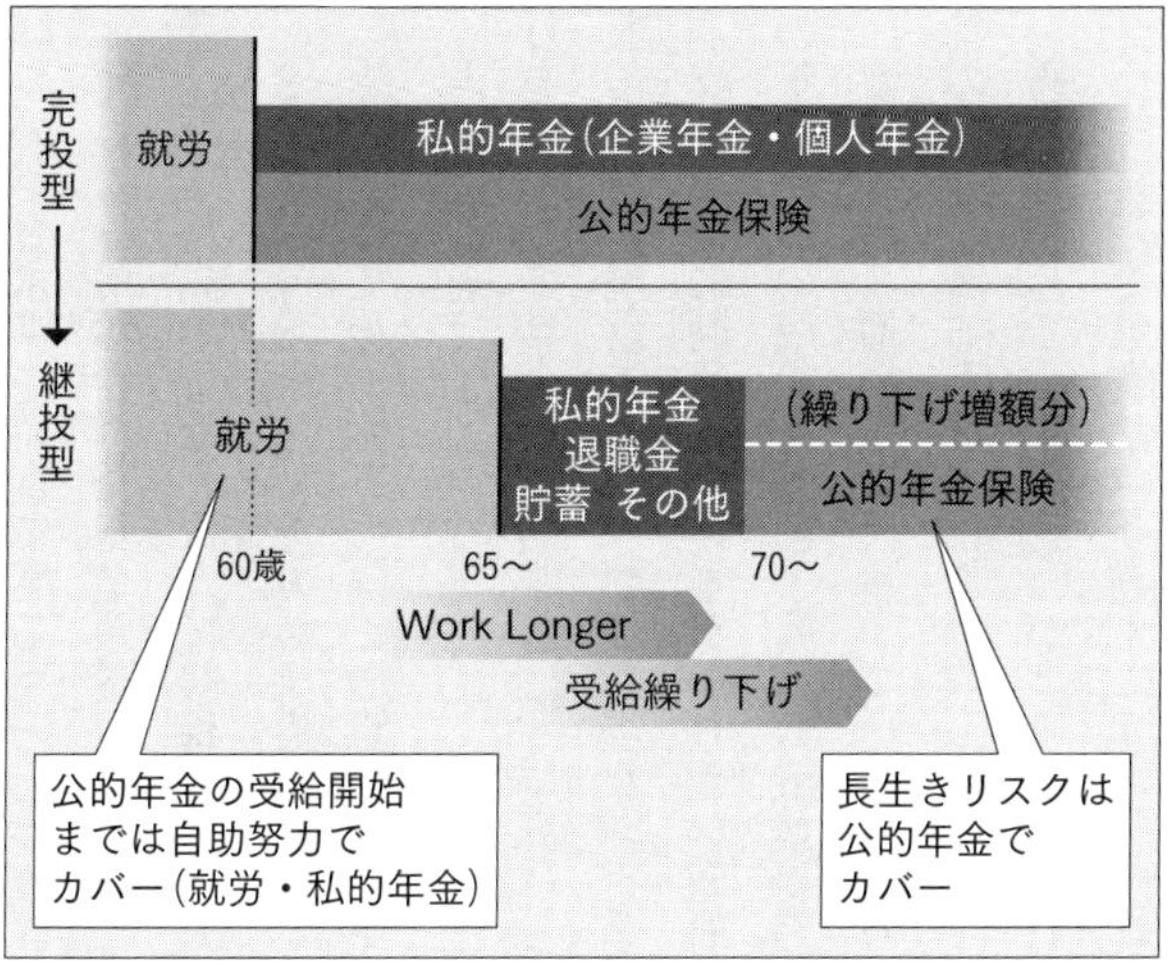


出典：谷内陽一さん（第一生命保険）の資料から

## ■繰り上げか、繰り下げか
## ——七五歳で受給開始なら八割増し

実は、公的年金の受給開始時期は、個人が六〇歳から七〇歳の間で自由に選べる。早く受け取る「繰り上げ」を選ぶと、一カ月早めるごとに〇・五%ずつ年金月額は減る。遅くする「繰り下げ」だと、一カ月ごとに〇・七%ずつ増える仕組みだ。

七〇歳まで五年間遅くすれば、最大で四二%増しになる。二〇二二年度からは国は七五歳まで受給開始を選べるようにしたので、その場合だと八四%増額になる。

厚労省は「現在二〇歳の人は、六六〜六八歳まで働いて、年金受給を遅らせれば、いまの年金水準を確保できる」といった試算を示している。
死ぬまで増額された年金が受け取れることで安心感は増すだろう。だが、早く死んだら受け取る総額が少なくなって後悔しないだろうか。

これには年金相談の現場から生まれた「格言」がある、と谷内さんは言う。

「繰り上げて後悔するのはこの世、繰り下げて後悔するのはあの世です」

早めに減額された年金をもらい始めると、予想以上に長生きした時に後悔する。受け取りを遅らせて年金を増額すれば、早死にしても後悔するのはあの世に行ってから。経済的な苦しさを現世で味わうのは「少ない年金しかない繰り上げ受給で長生きした場合」だ。

「繰り下げの勧《すす》めは給付をケチりたい政府の陰謀だ」と考える人もいるだろう。だが、どの年齢からの受給を選んでも、六五歳からの平均余命を生きた場合の受取総額が変わらないよう減額・増額率が決まっている。繰り下げ支給を選ぶ人が増えても、国が払う年金支給の総額が減るわけではない。

週刊誌などで「損得論」がよく特集されるが、公的年金が「長生きに伴う資産枯渇リスク」に備える保険という考えに立てば、終身の保障を厚くする「繰り下げ受給」が安心感を高めるメリットはもっと知られてもいい。

もし、「七〇歳まで繰り下げる」と思っていても、途中でお金が必要になったら困らないだろうか。

たとえば六八歳の時に病気になってお金が必要になったら、そこまで繰り下げで増えた年金を受け取ってもいいし、六五～六八歳までの分を一括して受け取ってもいい。けっこう柔軟な仕組みになっているのだ。

ただ現状では、繰り下げ受給を選ぶ人は全体の一％台にとどまる。

その大きな要因は、いま厚生年金を受け取れる人には、六〇～六四歳で受け取れる「特別支給の老齢厚生年金」があるからだ。これは「繰り下げ」の対象外なので六〇歳代前半で受け取り始めるしかない。そうなると、六五歳になっていったん年金受給をやめるという選択は、習慣とはなりにくい。

しかし、この状況は、特別支給の老齢厚生年金がなくなり、六五歳の受給が標準化する世代、具体的には男性だと一九六一年四月二日以降の生まれ以降、女性なら一九六六年四月二日以降の生まれの人から順次解消する。繰り下げはより現実的な選択肢になり、利用が本格化するというのが、谷内さんの読みだ。

いずれにせよ、少子化による労働人口の減少を補うため、働く意思と能力がある高齢者は働かないと社会が立ちゆかない時代に入った。実際、年をとっても「働きたい」と思う人が多いことは、日本社会にとって福音《ふくいん》に違いない。

でも、やっぱり年をとっても働くのは大変そうだな……。そうつぶやく記者に、谷内さんはこう言って笑った。

「『いつまで働かせるんだ！』と言う人がいますが、私は『野生を取り戻す！』と言っています。野生の動物は自分でエサがとれなくなれば死ぬので『生涯現役』です。人間も稼ぐ期間を延ばす分だけ、『野生を取り戻している』と考えたらいかがでしょうか」

# おわりに

この取材は二〇一九年の朝日新聞新年企画「エイジングニッポン」から始まる年間企画の第三弾になります。社内横断的に記者が集まり、「老後レス時代」というテーマで二〇一九年五月からリサーチ取材をスタートし、一〇月から記事のデジタル配信が始まりました。取材にあたっての私たちの問題意識は、「一年間に日本人が四五万人消えている。長崎市や富山市が丸ごと消滅する規模だ。人口減少で今後さらに多くの国民が減る。老化を防ぐというアンチエイジング商品は多いが、老いる国家に効く対策は簡単ではない。令和の始まりに私たちの社会の持続可能性を考える」。

これを踏まえて、「朝日新聞デジタル」では紙面に掲載された記事を深掘りしたオリジナルコンテンツや関連のインタビューを展開。新聞紙面では、計四回の連載を皮切りに、オピニオン面での三人耕論「いつまで働けばいいの」、お隣・韓国の老後レスを取材した大型インタビュー「出生率〇・九八　韓国の宿題」、真鍋弘樹、浜田陽太郎両編集委員による記者解説「老後レス時代の生き方」、読者参加型のフォーラム面で二回にわたる「妖精さん」特集と、翌二〇二〇年三月までデジタル特集ページや紙面で続けました。

「老後レス」の特集の中で、ネット上で最もバズったのは「朝の妖精さん」関係の記事です。このフレーズが生まれたのは、取材のリサーチ内容を持ち寄っての打ち合わせの場でした。取材班では最若手の記者が「友人からこんな話を聞きまして」と披露したエピソードから、みんなが思い浮かべた〝妖精さん〟。どうしたら原稿の形になるか、先輩や労働問題に詳しい同僚からのアドバイスも相次ぎ、取材方針も固まりました。「妖精さん」が生息する事業所に潜入してまでの取材はさすがにためらい、「私は妖精さんです」と言う証言は得られませんでしたが、後日、朝日新聞フォーラム面で特集すると、「自分が妖精さんだった」と言う本人や家族の方からの連絡が相次ぎました。

　コロナ禍でオンライン取材やオンライン会議が新聞記者にとっても重要なツールとなっ

ていますが、記者が集まって議論や雑談をし、ブレーンストーミングの時間を共有し、机を囲んで相談したりするアナログでなければ、妖精さんは世に出なかったかもしれません。

「妖精さん」原稿を新聞に載《の》せる際、社内からの激烈な抵抗に一瞬たじろぎました。「おじさんと書くのはいかがか」というおじさん世代からの批判から、「これは差別だ」「他人への思いやりにかける」といったものまで。

朝日新聞という会社は、外からは「一枚岩」のように見えるかもしれませんが、記事の内容について侃々諤々《かんかんがくがく》、役職や立場を超えて自由に意見を言い合える風通しのよい組織です。この「妖精さん」という言葉が、多くの人の心に波風を立てることがびんびん伝わってきました。

もとより、ここで言うおじさんは特定の人物をイメージしたわけではありません。記者の多くが「おじさん」年齢に達する中、自らの人生とキャリアと向き合いながら、日本社会に大きな存在感を示しているおじさんの苦境を現《あき》らかにしたいという思いに駆《か》られました。「働かないおばさん」も中にはいるかもしれませんが、社会問題にならないのは、男性より数が少ないおばさんたちが懸命に働いているからでしょう。目立つおじさんの姿に隠れ、忘れ去られた存在になっているロスジェネの女性たちが直面する苦境は、より緊急対応が必要と考えています。

　最後になりましたが、私たちの取材に快く応じ、自らの思いを語ってくださった方々、長年の研究成果を丁寧に解説していただいた研究者の皆さまのご協力なしでは、連載もこの本も世に出ることはありませんでした。ここに厚く御礼申し上げます。朝日新聞東京本社編集局で編集幹部を説得して紙面を取り、デジタルでの展開を後押ししてくれた藤原泰《ふじわらやす》子《こ》・前編集局長補佐、朝の妖精さんのイラストやグラフのビジュアル化でともに頭を悩まし、汗をかいてくれたデザイン部の皆さん、ユーザーの反響を先取りして読まれる記事やページに仕立ててくれた三橋麻子《みつはしあさこ》次長らデジタル編集部（現コンテンツ編成本部）の皆さんにも心から感謝します。

　この本は、コロナ禍の直撃を受け、書籍化が頓挫《とんざ》しかけました。私が週刊朝日副編集長の時に、堺《さかい》屋《や》太一《たいち》さんの連載編集を担当したご縁で、堺屋さんを囲む編集者の末席に加えていただき、堺屋さんの遺稿『三度目の日本』（祥伝社新書）を担当された岡部康彦さんの知己《ちき》を得ました。岡部さんに相談すると、「よし出そう」と背中を押してくれました。さまざまな縁やつながりも、ますます隆盛するであろうデジタル化、オンラインの世界で代替するのはまだまだ難しい。人と人との出会いこそが原稿となり、一冊の本に結実しました。堺屋先生、岡部さんに深く感謝する次第です。

二〇二一年二月

朝日新聞「老後レス」特別取材班担当次長　金《かね》子《こ》桂《けい》一《いち》（前オピニオン編集部次長）

## 【執筆者・編集者一覧】

**真鍋弘樹**　取材班キャップ。１９６５年生まれ。那覇支局記者、東京社会部次長、ニューヨーク支局長などを経て、編集委員。

**澤《さわ》路《じ》毅彦《たけひこ》**　１９６５年生まれ。大阪経済部、東京経済部記者などを経て、編集委員（労働担当）。

**浜田陽太郎**　１９６６年生まれ。くらし編集部記者、論説委員（社会保障社説担当）などを経て、編集委員。

**金子桂一**　担当次長・編集者。１９７０年生まれ。政治部記者、原発事故後の福島総局次長、オピニオン編集部次長などを経て、世論調査部次長。

**志《し》村《むら》亮《りょう》**　１９７３年生まれ。青森総局、宇都宮総局記者などを経て、経済部労働チーム記者。